- *Õndsakskiitmised* -

Inimene, kes taotleb tõelist õnnistust

Dr Jaerock Lee

*„Aga õnnistatud on mees,
kes loodab Isanda peale,
kelle lootuseks on Isand.
Tema on otsekui vee äärde istutatud puu,
mis ajab oma juuri oja kaldal
ega karda, kui palavus tuleb,
vaid ta lehed on haljad;
ja põua-aastal ta ei muretse
ega lakka vilja kandmast."*

(Jeremija 17:7-8)

Inimene, kes taotleb tõelist õnnistust, Autor: Dr Jaerock Lee
Kirjastaja: Urim Books (Esindaja: Seongnam Vin)
73, Yeouidaebang-ro 22-gil, Dongjak-gu, Sõul, Korea
www.urimbooks.com

Autoriõigusele allutatud. Seda raamatut või selle osasid ei ole lubatud kirjastaja kirjaliku loata mingil kujul reprodutseerida, otsingusüsteemis säilitada ega edastada mingil kujul ega mingite elektroonsete, mehaaniliste vahenditega sellest fotokoopiaid ega salvestusi teha ega seda mingil muul viisil edastada.

(Piiblitsitaadid: Piibel, Tallinn, 1997 – Eesti Piibliseltsi väljaanne; www.piibel.net)

Autoriõigus © 2020, Dr Jaerock Lee
ISBN: 979-11-263-0585-8 03230
Tõlke autoriõigus © 2012, Dr Esther K. Chung. Kasutatud autori loal.

Esmaväljaanne veebruaris, 2020

Eelnevalt kirjastatud korea keeles 2007. aastal: Urim Books, Sõul, Korea

Toimetaja: Dr Geumsun Vin
Kujundus: Urim Books toimetusbüroo
Trükkija: Prione Printing
Lisateabeks võtke ühendust aadressil: urimbook@hotmail.com

Kirjastaja sõnum

Rooma ülikoolis kirjutati üks lugu. Üliõpilane, kes oli rahalistes raskustes, läks rikka vanamehe juurde ja palus tema käest abi. Vanamees küsis ta käest, mille peale ta raha kulutaks. Üliõpilane vastas, et raha oli ta õpingute lõpetamise jaoks.

„Ja siis?"

„Ma pean raha teenima."

„Ja siis?"

„Ma abiellun."

„Ja siis?"

„Ma vananen."

„Ja siis?"

„Ma suren lõpuks."

„Ja siis?"

„..."

Selles peitub hea õppetund. Kui üliõpilane oleks taotlenud tõelisi õnnistusi, mis oleks tema päralt igavesti olnud, oleks ta vanamehe viimasele küsimusele vastanud: „Ma lähen Taevasse."

Tavaliselt arvavad selles ühiskonnas inimesed, et kui omada asju nagu rikkust, tervist, kuulsust, meelevalda ja perekonnarahu, on tegu õnnistusega. Nad püüavad neid asju saada. Aga ringi vaadates võime me näha, et vähestel on kõik need õnnistused.

Mõned perekonnad võivad olla rikkad, aga paljudes peredes on probleemid või raskused vanemate, laste või hõimlaste suhetes. Isegi terve inimene võib õnnetuse või haiguse tõttu suvalisel hetkel elu kaotada.

1912. aasta aprillikuus reisisid tuhanded inimesed rahulikult luksuslikul kruiisilaeval, millega juhtus traagiline õnnetus. „Titanic", mille pardal oli 2300 inimest, põrkas jäämäega kokku ja vajus esimese kruiisireisi ajal põhja. See oli maailma suurim kruiisilaev ja selle kõrge kvaliteedi ja luksuslikkuse tõttu hoobeldi laevaga, aga keegi ei teadnud, mis vaid mõni tund hiljem juhtus.

Keegi ei või homse kohta midagi kindlat öelda. Isegi kui inimesel on selle maailma rikkus, kuulsus ja meelevald kogu eluaja jooksul, ei saa ta olla õnnistatud kui ta sattub põrgusse ja kannatab igavesti. Seega on tõeline õnnistus saada päästetud ja minna taevariiki.

Umbes 2000 aasta eest alustas Jeesus oma avalikku teenistust sõnumiga: *„Parandage meelt, sest jumalariik on lähedal!"* (Matteuse 4:17). Sellele kuulutusele järgnes esimene sõnum „Õndsakskiitmised", mis aitas jõuda taevariiki. Jeesus õpetas udu kombel peagi kaduvatele inimestele igavesest õnnistusest, nimelt tõelistest taevariiki mineku õnnistustest.

Ta õpetas neid samuti maailma valgus ja sool olema,

käsuseadust armastusega täitma ja õndsakskiitmisi teoks tegema. See on kirjas Matteuse evangeeliumi 5. peatükist 7. peatükini. Seda kutsutakse „Mäejutluseks."

Õndsakskiitmised räägivad meile selgesõnaliselt ühes 1. Korintlastele 13. peatükis kirjeldatud vaimse armastusega ja Galaatlastele 5. peatükis kirjeldatud Vaimu viljaga sellest, kuidas vaimseks inimeseks saada.

Need on teetähised, mis aitavad meil end kontrollida ja olulise sisuga meie pühitsuseks ja Jumala trooni asukohta ja Taeva kõige aulisemasse eluasemesse – Uude Jeruusalemma minekuks.

Antud raamat *Inimene, kes taotleb tõelist õnnistust* on kokkuvõte Õndsakskiitmiste teemalistest jutlustest, mida ma koguduses paaril korral jutlustasin.

Kui meie elus saavad teoks kõik Õndsakskiitmiste sõnad, ei ole meil üksnes kõik selle maailma õnnistused nagu rikkus, tervis, kuulsus, meelevald ja perekondlik rahu, aga me saame ka paljude taevaste eluasemete hulgast Uude Jeruusalemma.

Jumala antud õnnistust ei suuda kõigutada mingid raskused. Kui Õndsakskiitmised saavad meie elus tõeseks, pole meil millestki puudust.

Ma palun, et paljud inimesed muutuksid selle raamatu abil vaimseteks inimesteks, kes taotlevad tõelisi õnnistusi ja saavad kõik Jumala poolt ette valmistatud õnnistused. Ma tänan ka toimetusbüroo juhatajat Geumsun Vini ja töötajaid.

Jaerock Lee

Sisukord

Kirjastaja sõnum

1. peatükk : Esimene õnnistus

Õndsad on need, kes on vaimus vaesed,
sest nende päralt on taevariik   1

2. peatükk : Teine õnnistus

Õndsad on kurvad,
sest neid lohutatakse   19

3. peatükk : Kolmas õnnistus

Õndsad on tasased,
sest nemad pärivad maa   35

4. peatükk : Neljas õnnistus

Õndsad on need, kellel on nälg ja janu õiguse järele,
sest nemad saavad küll   51

5. peatükk : Viies õnnistus

Õndsad on halastajad,
sest nende peale halastatakse   65

6. peatükk : Kuues õnnistus

Õndsad on puhtad südamelt,
sest nemad näevad Jumalat   85

7. peatükk : Seitsmes õnnistus

Õndsad on rahutegijad,
sest neid hüütakse Jumala lasteks   101

8. peatükk : Kaheksas õnnistus

Õndsad on need, keda õiguse pärast taga kiusatakse,
sest nende päralt on taevariik   119

1. peatükk
Esimene õnnistus

Õndsad on need, kes on vaimus vaesed, sest nende päralt on taevariik

Matteuse 5:3

*„Õndsad on need, kes on vaimus vaesed,
sest nende päralt on taevariik."*

Ameerika vanglas surmamõistetud vang valas pisaraid, hoides ajalehte käes. Ajalehe pealkiri rääkis Ameerika Ühendriikide kahekümne teise Presidendi Stephen Grover Clevelandi ametissepühitsemisest. Teda jälgiv vangivalvur küsis, miks ta nuttis nii kibedalt. Ta hakkas selgitama, vaadates maha.

Ta ütles siis: „Me käisime Stepheniga samas kolledžis. Ühel päeval me kuulsime pärast tunni lõppu kirikukella. Stephen õhutas mind kirikusse kaasa minema, aga ma keeldusin. Ta läks kirikusse, aga mina läksin pubisse. Sellest sai alguse meie niivõrd erinev elu."

Too valikuhetk muutis kogu selle mehe elu. Aga tegu ei ole vaid maapealse eluga. Meie tehtud valikud võivad muuta ka meie igavest elu.

Taevasele pidusöömaajale kutsutud

Luuka evangeeliumi 14. peatükis korraldas üks mees suure õhtusöögi ja kutsus sinna palju inimesi. Ta saatis oma sulased kutsutuid kohale tooma, aga kõik ta sulased tulid üksinda tagasi Kutsututel oli palju vabandusi, aga kõigil oli liiga kiire, et kohale tulla.

„Ma olen ostnud põllu ja pean tingimata minema seda vaatama, ma palun sind, vabanda mind!"

„Ma olen ostnud viis paari härgi ja lähen neid proovima, ma palun sind, vabanda mind."

„Ma tean, et sa mõistad mind. Ma olen äsja võtnud naise ja seepärast ma ei saa tulla."

Peoperemees saatis oma sulased taas külla, et tuua vaesed, pimedad ja jalutud tänavatelt pidusöögile. Selles tähendamissõnas võrdles Jeesus kutse saanud inimesi nendega, kes on saanud kutse taevasele pidusöögile.

Tänapäeval keelduvad vaimus rikkad inimesed evangeeliumi vastu võtmast. Neil on rohkeid vabandusi, miks nad ei saa pidusöögil osaleda, aga vaimus vaesed võtavad kiiresti kutse vastu. Sellepärast on tõelise õnnistuse saamiseks vaja esiteks minna läbi vaimus vaeseks saamise väravast.

Vaimus vaesed

„Vaimus vaene olemine" tähendab, et inimese süda on vaene. See tähendab, et inimesel on süda, kus pole kõrkust, uhkust, isekust, isiklikke soove ega kurja. Sellepärast võtavad „vaimus vaesed" evangeeliumi lihtsalt vastu. Pärast Jeesuse Kristuse vastuvõtmist igatsevad nad vaimseid asju. Nad suudavad ka Jumala väega kiiresti muutuda.

Mõned naised ütlevad: „Mu abikaasa on tõesti hea inimene, aga ta ei taha evangeeliumi vastu võtta." Inimesed peavad kedagi

„heaks", kui ta ei tee välispidiselt kurja. Aga isegi kui keegi näib olevat hea, kui ta ei võta evangeeliumi vastu, kuna tal on rikas süda, kuidas võib teda tõesti heaks pidada?

Matteuse evangeeliumi 19. peatükis tuli noormees Jeesuse juurde ja küsis Temalt, mida head ta peaks tegema, et saada igavest elu. Jeesus ütles, et ta peaks kõiki Jumala käske. Siis Ta ütles sellele lisaks, et ta müüks kogu oma vara, annaks selle vaestele ja järgiks siis Teda.

Noormees arvas, et ta armastas Jumalat ja pidas Ta käskusid väga hästi. Aga ta läks kurvalt ära, kuna ta oli rikas ja ta pidas oma rikkust igavese elu saamisest hinnalisemaks. Jeesus ütles teda nähes: *„Hõlpsam on kaamelil minna läbi nõelasilma kui rikkal minna Jumala riiki!"* (24. salm).

Siin ei tähenda rikas olemine lihtsalt vara ja suure rikkuse omamist. See tähendab vaimu poolest rikas olemist. Vaimult rikkad inimesed ei pruugi väliselt midagi väga kurja teha, aga neil on tugevad maailmalikud soovid. Neile meeldib raha, meelevald, teadmised, uhkus, lõbustused, meelelahutus ja muud lõbud. Sellepärast nad ei tunne, et nad vajaksid evangeeliumi ja nad ei otsi Jumalat.

Rikkuse õnnistus neile, kes on vaesed vaimus

Luuka 16. peatükis nautis rikas mees oma elu ja pidutses iga päev. Ta oli nii rikas, et ta südagi oli rikas ja ta ei tundnud vajadust Jumalat uskuda. Aga kehvik Laatsarus oli haige ja pidi rikka mehe maja ukse ees kerjama. Kuna ta oli vaene vaimu poolest, otsis ta Jumalat.

Mis juhtus pärast nende surma? Laatsarus pääses ja võis Aabrahami rüpes puhata, aga rikas läks surmavalda, kus ta kannatas igavesti.

Leegid olid nii kuumad, et ta ütles: *„Isa Aabraham, halasta minu peale ja saada Laatsarus, et ta kastaks oma sõrmeotsa vette ja jahutaks mu keelt, sest ma tunnen suurt valu selles leegis!"* (24. salm). Ta ei saanud valust isegi hetkeks lahti.

Kuid missugune on siis õnnistatud inimene? See pole inimene, kellel on väga palju vara ja suur meelevald ja kes naudib oma maapealset elu nagu antud rikas mees. Kuigi ta elu on alandlik, on see tõesti õnnistatud, kuna ta on vastu võtnud Jeesuse Kristuse ja läinud Laatsaruse moel taevariiki. Kuidas võib võrrelda maapealset elu, mis kestab vaid seitsekümmend-kaheksakümmend aastat, igavese eluga?

Selles tähendamissõnas räägitakse, et tähtis pole mitte see, kas me oleme maa peal rikkad, vaid see, et me oleksime vaimu poolest vaesed ja usuksime Jumalat.

Aga see ei tähenda, et vaese vaimuga inimene, kes on Jeesuse Kristuse vastu võtnud, peaks pääsemise jaoks vaeselt elama ja olema Laatsaruse kombel haige. Aga selle asemel võime me olla rikkad kui me oleme vaimult vaesed ja elame Jumala Sõna alusel, sest Jeesus lunastas meid pattudest ja elas ise vaesena (2. Korintlastele 8:9).

3. Johannese 1:2 öeldakse: *„Armas, soovin sulle, et sul läheks igati hästi ja sa oleksid terve, nõnda nagu läheb hästi su hingel."* Kui meie hingel läheb hästi, oleme me vaimselt ja füüsiliselt terved ja saame rahalised, perekondliku rahu ja muud õnnistused.

Isegi kui me oleme Jeesuse Kristuse vastu võtnud ja hakanud nautima rikkuse õnnistust, tuleb meil lõpuni oma usku Kristusesse hoida, et taevariik täielikult oma valdusse saada. Kui me läheme seda maailma armastades pääsemise teelt eemale, võidakse me nimed eluraamatust kustutada (Laul 69:28).

See on nagu maratonijooks. Kui esimesena jooksev maratonijooksja läheb rajalt enne finišijoont kõrvale, ei saa ta mingit auhinda, kuldmedalist rääkimata.

Nimelt, isegi kui me elame praegusel hetkel usinat kristlase elu, kui me muutume taas oma südame poolest rikkaks raha ja maailma lõbude ahvatluste tõttu, jahtub meie ind. Me võime isegi Jumala juurest lahkuda. Kui me seda teeme, ei suuda me taevariiki minna.

Sellepärast kirjutatakse 1. Johannese 2:15-16:

> *Ärge armastage maailma ega seda, mis on maailmas! Kui keegi armastab maailma, siis ei ole temas Isa armastust. Sest kõik, mis on maailmas –*

lihahimu ja silmahimu ja elukõrkus –, ei ole Isast, vaid maailmast.

Vabanege lihahimust

Lihahimu tähistab südamesse tõusnud ebatõeseid mõtteid. Neile on loomuomane soov teha pattu. Kui me südames on vihkamist, viha, kadedust, abielurikkujat meelt ja kõrkust, tahame me niisuguse loomuga asju järgides näha, kuulata, mõtelda ja tegutseda.

Näiteks, kui inimeste loomuses on teiste üle kohut mõista ja neid hukka mõista, soovivad nad teiste kohta kuulujutte kuulda. Siis nad isegi ei kontrolli asja tõesust, et tõde leida ja teada, vaid levitavad neid jutte ja laimavad teisi inimesi ning tunnevad selle tegemisest head meelt või mõnu.

Samuti, kui inimsüdames on viha, vihastub ta ka vähimate asjade peale. Ta tunneb end hästi vaid siis kui ta oma viha välja valab. Kui ta püüab enesesse kogunevat viha tagasi hoida, on see tema jaoks vaevaline ja seega jääb tal üle vaid oma viha välja valada.

Me peame niisugusest lihahimust vabanemiseks palvetama. Me võime lihahimudest kindlasti vabaneda kui me saame innukalt palvetades Vaimu täiuse. Vastupidiselt, kui me lakkame palvetamast või kaotame Vaimu täiuse, anname me saatanale meelevalla lihahimu ülesärgitamiseks. Selle tulemusena võime me pattu teha.

1. Peetruse 5:8 öeldakse: *„Olge kained, valvake! Teie süüdistaja, kurat, käib ringi nagu möirgav lõvi, otsides, keda neelata."* Me peame alati palvete kaudu ärkvel püsima, et saada Püha Vaimu täiust. Me võime tuliste palvete teel oma vaimus vaesed olla, vabanedes lihahimust ehk oma patuloomusest.

Silmahimust vabanemine

Silmahimu on patuloomus, mis erutub millegi nägemisest või kuulmisest. See paneb meid nähtut või kuuldut soovima või järgima. Kui me midagi näeme ja selle tunnetest lähtuvalt vastu võtame, siis hiljem õhutab sama nägemine meis sarnaseid tundeid. Isegi kui me ei näe, tärkavad meis samasugused tunded lihtsalt sarnase kuulmisest ja tekitavad silmahimu.

Kui me ei lõika toda silmahimu enesest ära, vaid võtame selle pidevalt vastu, erutab see lihahimu. Ja taas, see viib viimaks patu tegemiseni. Taavet, kes oli mees Jumala südame järgi, tegi samuti silmahimu tõttu pattu.

Ühel päeval, pärast Taaveti kuningaks saamist ja riigi stabiilseks muutumist, oli Taavet katusel ja nägi kogemata, kuidas Uurija naine, Batseba, kümbles. Taavet tundis kiusatust, võttis ta ja magas temaga.

Sel ajal oli ta abikaasa lahinguväljal ja võitles oma maa eest. Hiljem sai Taavet teada, et Batseba ootas last. Ta kutsus oma vale teo varjamiseks Uurija lahinguväljalt tagasi ja soovitas tal tungivalt kodus magada.

Aga Uurija arvestas ikka võitlevate kaassõjameestega ja magas vaid kuningakoja ukse ees. Kui asjad ei läinud soovitud rada, saatis Taavet Uurija lahingu eesliinile, et ta surma saaks.

Taaveti arvates armastas ta Jumalat teistest rohkem. Kuid sellegipoolest tegi ta silmahimu tulles teise mehe naisega magades kurja. Pealegi tegi ta selle varjamiseks veelgi suuremat kurja ja tappis inimese.

Hiljem sattus ta karistuseks suurde katsumusse. Batsebale sündinud poeg suri ja Taavet pidi oma poja Absalomi mässu eest pagema. Ta pidi isegi väljapaistmatu inimese needmist kuulma.

Selle abil suutis Taavet mõista oma südames olevat kurjust ja parandas Jumala ees täielikult meelt. Lõpuks sai temast kuningas, keda Jumal kasutas väga palju.

Neil päevil tunnevad mõned noored inimesed head meelt täiskasvanutele mõeldud filmidest või Internetist nähtust. Aga nad ei peaks sellesse kergekäeliselt suhtuma. Niisugune silmahimu on nagu lihahimu süütenööri süütamine.

Võrdleme seda sõjapidamisega. Oletame, et lihahimu esindavad sõjamehed, kes sõdivad müüridega ümbritsetud linnas. Siis on silmahimu nagu kindlustused või linnamüüride taga olevate sõjameeste sõjavahendid. Kui neil on pidev varustus, on neil suurem võitlusjõud. Kui silmahimu tugevneb, ei saa me sellest võitu.

Seega, kuna me suudame oma tahtega silmahimu läbi lõigata, ei peaks me midagi väära vaatama, kuulama ega mõtlema. Pealegi kui me näeme, kuulame ja mõtleme vaid seda, mis on tõde ja meil on vaid head tunded, võime me silmahimu täielikult ära lõigata.

Vabanege elukõrkusest

Elukõrkus on iseenesest hooplev loomus, mis lubab enesele liha- ja silmahimu rahuldamiseks ja teiste ees oma saavutustega uhkeldamiseks maailma füüsilisi mõnusid. Niisuguse loomuse olemasolu korral me hoopleme enese näitamiseks oma rikkuse, au, teadmiste, talentide, välimuse ja muuga.

Jakoobuse 4:16 öeldakse: *„Te kiitlete oma kõrkuses! Iga selline kiitlemine on kurjast."* Meil pole kiitlemisest kasu. Seega, nii nagu öeldakse 1. Korintlastele 1:31: *„Kes tahab kiidelda, kiidelgu Isanda üle!"*, tuleb meil Jumala austuseks vaid Isanda üle kiidelda.

Isanda üle kiitlemine tähendab, et me kiitleme meie palvetele vastanud Jumalast, kes annab meile õnnistusi ja armu ja taevariigist. See tähendab Jumala austamist ja kuulajatesse usu ja lootuse istutamist, et ka nemad võiksid vaimseid asju igatseda.

Aga mõned inimesed ütlesid, et nad kiitlevad Isandast, aga tegelikult tahavad nad selle kaudu esile tõstetud saada. Sellisel moel ei saa nende kiitlemine teisi muuta. Seega me peaksime kõiges endi tehtut jälgima, et elukõrkus ei tabaks meid (Roomlastele 15:2).

Vaimselt lapseks saamine

Ameerika Ühendriikide väikelinnas oli üks väike laps. Kuna ta pühapäevakooli klassiruum oli väga väike, hakkas ta Jumalalt suuremat klassituba paluma. Vastus ei saabunud ka mitu päeva hiljem ja siis ta hakkas Jumalale iga päev kirju kirjutama.

Kuid laps suri, jõudmata isegi kümneaastaseks saada. Kui ta ema lapse asju läbi vaatas, leidis ta suure paki kirju, mille laps oli Jumalale kirjutanud. Ema näitas neid pastorile ja pastor tundis suurt meeleliigutust. Ta rääkis sellest oma jutluses.

Uudised levisid paljudesse kohtadesse ja ühest ja teisest kohast hakkasid tulema ohvriannikks antud summad ja peagi oli koos rohkem raha kui uue koguduse ehitamiseks vaja. Hiljem asutati temanimeline algkool ja keskkool ja pärast seda isegi kõrgkool. See sündis noore lapse süütust usust, millega ta uskus, et Jumal annab, mida me Temalt palume.

Matteuse 18. peatükis küsisid jüngrid Jeesuselt, kes oli taevariigis suurim. Jeesus vastas: *„Tõesti, ma ütlen teile, kui te ei pöördu ega saa kui lapsed, ei pääse te taevariiki"* (3. salm). Meil peab Jumala ees olema, hoolimata oma vanusest, lapselik süda.

Lapsed on süütud ja puhtad, seega nad võtavad kõik vastu nii nagu neile õpetatakse. Samamoodi, me võime taevariiki minna vaid siis kui me Jumala Sõna usume ja kuuletume sellele niisugusena nagu me seda kuulsime ja õppisime.

Näiteks, Jumala Sõnas öeldakse, et me „oleksime pidevalt palves" ja me peaksime pidevalt palvetama ja end mitte välja vabandama. Jumal ütleb, et me oleksime alati rõõmsad ja seega me püüame alati rõõmustada, mõtlemata: „Kuidas ma saan rõõmustada kui mu elus on nii palju kurbust?" Jumal ütleb, et me ei vihkaks ja me püüaksime ettekäändeid leidmata ka oma vaenlasi armastada.

Sarnaselt, kui meil on lapse südame sarnane süda, parandame me kiirelt oma valedest tegudest meelt ja püüame Jumala Sõna järgi elada.

Aga kui inimene on maailma poolt määrdunud ja kaotab oma süütuse, on ta ka pattu tehes tundetu. Ta mõistab teiste üle kohut ja taunib neid, levitab kuuldusi teiste vigadest ja puudujääkidest, räägib väikeseid ja suuri valesid, aga ei saa isegi aru, et ta teeb kurja.

Ta vaatab teistele ülalt alla, tahab, et teda teenitakse ja kui miski pole talle kasulik, unustab ta lihtsalt kord saadud armu. Aga tal pole isegi süümepiina. Ta tegutseb niimoodi, kuna temas on suur soov enesekasu taotleda ja püüab sel teel oma eesmärki saavutada.

Aga tegelikult, kui me saame vaimseks lapseks, reageerime me heale ja kurjale tundlikult. Kui me näeme midagi head, tunneme me kergelt meeleliigutust ja valame pisaraid ja me vihkame ja põlgame kurja.

Isegi kui maailma inimesed ütlevad, et miski pole kuri – kui Jumal peab seda asja kurjaks, vihkame me seda kogu südamest ja püüame mingit pattu mitte teha.

Samuti, laps ei ole uhke kui ta oma arvamusi peale ei käi. Ta lihtsalt võtab õpetatu vastu. Samamoodi, vaimne laps ei toonita oma kõrkust ega püüa üles tõstetud saada. Jeesuse aja kirjatargad ja variserid mõistsid teiste üle kohut ja taunisid neid, öeldes, et nad teadsid tõde, aga vaimne laps ei tee niimoodi. Ta tegutseb vaid alandlikult ja tasaselt nagu meie Isand.

Seega, vaimne laps ei toonita oma õigust kui ta Jumala Sõna kuulab. Isegi kui leidub midagi, mis tema teadmistega ei ühti või millest ta aru ei saa, ei mõista ta kohut ega saa asjadest vääriti aru, vaid lihtsalt usub ja kuuletub esiteks. Kui ta kuuleb Jumala tegudest, ei näita ta välja mingit uhkust ega kõrkust, vaid igatseb ka ise samasuguseid tegusid kogeda.

Kui me saame vaimseteks lasteks, usume me Jumala Sõna taolisena nagu see on ja kuuletume sellele. Kui me leiame Sõna kohaselt üldse mingit pattu, püüame me muutuda.

Aga mõnel juhul elavad inimesed kaua aega kristlase elu ja talletavad Jumala Sõna lihtsalt teadmisena ja nende süda muutub täiskasvanu südame taoliseks. Kui nad võtsid esialgu Jumala armu vastu, parandasid nad meelt ja paastusid, et leitud pattudest vabaneda, aga hiljem muutusid nad tuimaks.

Kui nad Sõna kuulevad, mõtlevad nad: „Ma tean seda." Või nad lihtsalt kuuletuvad asjadele, mis on neile kasulikud või millega nad võivad nõustuda. Nad mõistavad teiste üle omale teadaoleva Sõna alusel kohut ja taunivad neid.

Seega peame me vaimus vaeseks muutumiseks alati Sõna abil leidma eneses oleva kurja ja sellest tulise palve abil vabanema ning vaimseteks lasteks saama. Vaid siis võime me kogeda kõiki õnnistusi, mis Jumal on meie jaoks valmistanud.

Igavese taevariigi saamise õnnistus

Missugused õnnistused saavad siis spetsiaalselt vaimus vaesed? Matteuse 5:3 öeldakse: *"Õndsad on need, kes on vaimus vaesed, sest nende päralt on taevariik"* ja öeldu kohaselt saavad nad tõelise ja igavese õnnistuse – nimelt taevariigi osaliseks.

Taevariik on seal, kus jumalalapsed asuvad. See on vaimne koht, mida ei saa selle maailmaga võrrelda. Nii nagu vanemad ootavad oma lapse sündimist ja valmistavad ette kõik asjad nagu mänguasjad ja lapsevankri, valmistab Jumal ette taevariigi neile, kes on vaimus vaesed, avavad oma südame ja võtavad jumalalapseks saamiseks evangeeliumi vastu.

Nii nagu Jeesus ütles Johannese 14:2: *"Minu Isa majas on palju eluasemeid"*, on taevariigis palju eluasemeid. Taevariigi eluasemed erinevad vastavalt sellele kui palju me Jumalat armastame ja usus püsimiseks Ta Sõna kohaselt elame.

Kui inimene on vaimus vaene, aga jääb vaid Jeesuse Kristuse vastuvõtmise ja pääsemise tasemele, läheb ta paradiisi, kus ta elab igavesti. Aga kui keegi edeneb oma kristlase elus ja muutub Jumala Sõna kohaselt, siis saab tema omaks kas esimene, teine või kolmas taevariigi tase. Pealegi, kui ta süda on pühitsetud ja ta on olnud ustav kogu Jumala koja üle, saab ta igaveste õnnistuste kogemiseks kõige ilusama eluaseme, Uue Jeruusalemma.

Palun vaadake raamatuid *Taevas I* ja *Taevas II* vaimsete eluasemete ja taevariigi õnneliku elu asjus. Lubage mul teile tutvustada siin vaid veidi Uue Jeruusalemma elu.

Uue Jeruusalemma linnas, kus paistab Jumala auvalgus, on ähmaselt kuulda inglite kiitusehäält. Kuldne tee läheb kullast ja kalliskivist ehitatud ja säravat valgust hiilgavate hoonete vahelt. Täiusliku maastikukujundusega rohelised aasad, murud, puud ja ilusad lilled segunevad sellesse hästi.

Kristallpuhas eluvee jõgi voolab vaikselt. Jõekallastel on peen kuldne liiv. Kuldpinkidel on korvid, kus on elupuu viljad. Kauguses võib näha klaasjat merd. Merel on imeilus ristluslaev, mis on paljudest kalliskividest tehtud.

Arvukad inglid teenivad sinna minevaid inimesi ja nad kogevad kuninga meelevalda. Nad võivad taevas lennata, sõites säravates pilvetaolistes autodes. Nad näevad alati Isandat väga lähedalt ja neil on kuulsate prohvetite seltskonnas taevased pidusöögid.

Lisaks on Uues Jeruusalemmas arvukaid väärtuslikke ja ilusaid asju, mida maa pealt ei leia. Iga nurk on meeltejoovastust tekitav vaatepilt.

Seega, me ei tohiks jääda vaid pelgalt pääsemise vastuvõtmise tasemele, vaid me peaksime olema vaimus veel vaesemad ja muutuma Sõna kaudu täielikult, et me võiksime minna Taeva kõige ilusamasse elukohta – Uue Jeruusalemma linna.

Jumala lähedus on meie õnnistus

Kui me vaimus vaeseks muutume, ei kohtu me üksnes Jumalaga ja ei saa päästetud, vaid me saame ka jumalalaste meelevalla ja muud õnnistused. Lubage mul nüüd tutvustada teile kogudusevanema tunnistust. Tal oli „saastest tingitud haigus" või teiste sõnadega „avalikust hädaohust tingitud haigus", aga ta sai vaimus vaese inimese õnnistused.

Umbes kümme aastat tagasi pidi ta end haiguse tõttu tööst ajutiselt vabaks võtma. Tal oli palju kordi tung oma elule lõpp peale teha, kuna ta tundis tugevat abitusetunnet. Kuna ta ei suutnud näha lootusekiirt ja teadis, et ta ei suutnud ise midagi teha, oli tal vaene vaim.

Vahepeal läks ta raamatupoodi ja silmas juhuslikult ühte raamatut. Selle raamatu pealkiri oli Igavese elu maitsmine enne surma. See raamat sisaldas mu tunnistust ja mälestusi. Ma olin varem ateist ja viibisin surma lävel seitse aastat kestnud haiguse tõttu, mida ei olnud ühegi inimliku meetodiga ravida võimalik. Aga Jumal tuli ja kohtus minuga.

Mees tundis, et mu elu oli väga tema elu sarnane ja ostis

raamatu, tundes nagu mingisuguse jõu tõmmet. Ta luges selle ööpäevaga läbi ja nuttis väga. Ta veendus, et ka tema võis terveks saada ja registreerus meie koguduse liikmeks.

Sellest ajast peale sai ta Jumala väe kaudu oma eriskummalisest haigusest terveks ja naasis tööle. Paljud kolleegid ja ülemused kiitsid teda. Teda õnnistati edutamisega. Pealegi, ta kuulutas oma sugulaste seast rohkem kui seitsmekümnele inimesele evangeeliumi. Ta saab suure taevase tasu!

Laulus 73:28 öeldakse: *„Aga minu õnn on, et ma olen Jumalale ligi; Isanda Jumala peale panen ma oma lootuse, et jutustada kõiki sinu tegusid."*

Kui me võtame Õndsakskiitmiste esimese õnnistuse, olles Jumala lähedal, peaksime me muutuma vaimsemateks lasteks, armastama Jumalat veel kirglikumalt ja kuulutama evangeeliumi vaimus vaestele. Ma loodan, et te saate täielikult Õndsakskiitmised, mis armastuse ja õnnistuste Jumal on teie jaoks valmistanud.

2. peatükk
Teine õnnistus

Õndsad on kurvad, sest neid lohutatakse

Matteuse 5:4

„Õndsad on kurvad,
sest neid lohutatakse."

Kord oli kaks sõpra, kes armastasid teineteist väga palju. Nad kandsid teineteise eest hoolt ja armastasid teineteist nii palju, et nad olid isegi valmis teise elu päästmiseks oma elu ohverdama. Aga ühel päeval suri üks neist lahingus. Ellujäänu leinas õhtuni ja tundis oma kadunud sõbrast puudust.

„Ma olen sinu pärast vaevatud, mu vend Joonatan, sa oled mulle väga meeltmööda olnud. Sinu armastus mu vastu oli imelisem kui naiste armastus."

See mees võttis sõbra poja ja kandis tema eest hoolt, otsekui oleks tegu tema oma pojaga. See on Taaveti ja Joonatani lugu, mida selgitatakse 2. Saamueli raamatu 1. peatükis.

Selles maailmas elades seisame me silmitsi paljude kurbade asjadega nagu lähedaste surm, haigustest tingitud valu, elumured, rahahäda ja nii edasi. Ei ole liialdus öelda, et elu on pidev kurbus.

Lihalik lein, mitte Jumala tahe

Inimajaloos leidsid riiklikul tasandil aset sõjad, terrorism, näljahädad ja muud õnnetused. Ka üksikisiku tasandil on palju kurbi asju ja muresid.

Mõned on kurvad rahaliste raskuste tõttu ja teised kannatavad haiguse valu. Mõnel on südamevalu, sest nende plaanid ei teostunud ja teised valavad kibedaid pisaraid, kuna nende lähedased reetsid nad.

Niisugune kurbadest sündmustest põhjustatud leinamine on lihalik. See tuleb inimese kurjadest emotsioonidest ja pole kunagi Jumala tahe. Jumal ei saa niisugust lihalikku leina trööstida.

Aga selle asemel räägitakse Piiblis, et Jumal tahab, et me rõõmustaksime alati (1. Tessaloonikiastele 5:16). Samuti ütleb Jumal meile Filiplastele 4:4: *„Olge ikka rõõmsad Isandas! Taas ma ütlen: Olge rõõmsad!"* Paljudes piiblisalmides tahetakse, et me rõõmustaksime.

Mõned võivad imeks pannes mõtelda: „Ma võin rõõmustada kui mul on millegi üle rõõmu tunda, aga kuidas ma saan rõõmustada kui mul on nii palju muresid, vaeva ja raskusi?"

Aga me võime rõõmustada ja tänada, kuna me oleme juba saanud päästetud jumalalasteks, kes on saanud taevariigi tõotuse. Samuti kui me palume jumalalastena, kuuleb Ta meid ja lahendab meie probleemid. Kuna me seda usume, võime me kindlasti rõõmustada ja tänada.

See on Rev. Dr Myong-ho Cheongi lugu. Ta oli meie koguduse Aafrikasse läkitatud misjonär ja kuulutas evangeeliumi viiekümne nelja Aafrika maa paljudel koosolekutel. Ta jättis umbes kümne aasta eest ülikooli professoriameti ja läks Aafrikasse misjonitööle. Varsti suri ta ainus poeg.

Paljud koguduseliikmed lohutasid teda, aga ta üksnes tänas

Jumalat ja lohutas pigem koguduseliikmeid ise. Ta oli tänulik selle eest, et Jumal oli võtnud ta poja taevariiki, kus pole pisaraid, kurbust, valu ega haigust ja ta võis rõõmustada, kuna ta lootis oma poega taas Taevas näha.

Sarnaselt, kui meil on usku, ei leina me lihalikult, suutmata mingite kurbade asjade tõttu oma kurbadest tunnetest võitu saada. Siis võime me igas olukorras rõõmustada.

Isegi kui me ellu tuleb mingi probleem, tegutseb Jumal meie usku nähes kui me täname ja palvetame usus. Ta teeb kõik heaks ja seega ei loe tõelistele jumalalastele füüsiliselt kurvad olukorrad.

Jumal tahab vaimset kurbust

Jumal ei taha mitte lihalikku, vaid vaimset kurbust. Matteuse 5:4 öeldakse: *"Õndsad on kurvad, sest neid lohutatakse"* ja siin tähendab „kurvastamine" vaimset kurbust jumalariigi ja Jumala õiguse tõttu. Missugust vaimset tüüpi kurbust on olemas?

Esiteks on olemas meeleparanduse kurbus.

Kui me usume Jeesust Kristust ja võtame Ta oma Päästjaks, saame me Püha Vaimu abil südamest aru, et Ta suri ristil meie pattude eest. Kui me tunneme seda Jeesuse armastust, tunneme me meeleparanduse tõttu kurbust ja parandame oma pattudest pisarate ja tilkuva ninaga meelt.

Meeleparandus tähendab enne Jumala tundmisele tulekut pattudes elamisest pöördumist ja elu Jumala Sõna alusel. Kui me kurvastame meeleparandusest, võetakse me patukoorem ära ja me võime kogeda oma südames ülevoolavat rõõmu.

Sellest on juba rohkem kui 30 aastat möödas, kuid ma mäletan ikka selgelt esimest äratuskoosolekut, millest ma pärast Jumalaga kohtumist osa võtsin. Seal ma kurvastasin nii palju meeleparanduse tõttu ja valasin pisaraid ning mu nina tilkus kui ma kuulsin Jumala Sõna.

Isegi enne Jumalaga kohtumist tundsin ma õiglase ja hea elu elamisest uhkust. Aga Jumala Sõna kuulates ja oma möödunud elu peale tagasi vaadates nägin ma seal palju valesid asju. Kui ma käristasin oma südame meeleparandusest lõhki, tundus mu ihu väga kerge ja kosunud, otsekui see oleks lennanud. Ma sain ka kindluse selles, et ma võisin Jumala Sõna alusel elada. Sellest ajast saadik ma lõpetasin suitsetamise ja joomise ja hakkasin Piiblit lugema ja varahommikustel palvekoosolekutel käima.

Isegi pärast meeleparanduse kurbuse armu saamist on meie kristlase elus muid asju, mille pärast kurvastust tunda. Kui me saame jumalalasteks, tuleb meil pattudest loobuda ja elada Jumala Sõna alusel püha elu. Aga me pole täiuslikud enne täisea usumõõdu sisse kasvamist ja teeme vahel pattu.

Sellises olukorras tunneme me Jumala ees kurbust kui me Teda armastame ja parandame põhjalikult meelt, palvetades: „Jumal aita mind, et seda ei juhtuks enam kunagi. Anna mulle jõudu teha Sinu Sõna kohaselt." Kui meis on niisugune kurbus, saame me pattudest vabanemiseks ülevalt jõudu. Seega, kurvastamine on väga suur õnnistus!

Mõned usklikud teevad pidevalt sama pattu ja parandavad üha uuesti meelt. Sellisel juhul on muudatus väga aeglane või muudatust polegi, kuna nad ei paranda tegelikult kogu südamest meelt, kuigi nad võivad öelda, et nad tunnevad meeleparanduse kurbust.

Oletame, et noor inimene liigub halbade sõprade seltsis ringi ja teeb palju halba. Ta palub vanematelt andeks, aga teeb samu asju edasi. Siis ei ole tegu tõelise meeleparandusega. Ta peab pöörduma, lakkama halbade sõpradega läbi käimast ja tublilt õppima. Alles siis võib tema tegu tõeliseks meeleparanduseks pidada.

Samamoodi, me ei tohiks pidevalt samu patte edasi teha, lihtsalt sõnades meelt parandades, vaid peaksime kandma meeleparanduse vilja, õigeid tegusid üles näidates (Luuka 3:8).

Lisaks, kui meie usk kasvab ja me saame kogudusejuhtideks, ei tohiks me enam meeleparanduse pärast kurvastada. See ei tähenda, et me ei tohiks isegi pärast patu tegemist kurbust tunda. See tähendab, et me peaksime pattudest loobuma, et meis poleks enam midagi kurvastamisväärset.

Kui me oma ülesandeid ei täida, kurvastame me samuti meeleparanduse tõttu. 1. Korintlastele 4:2 öeldakse: *„Ent majapidajailt nõutakse, et nad oleksid ustavad."* Seega me peame olema ustavad ja kandma oma kohustes head vilja. Kui me seda ei tee, tuleb meil meeleparanduse tõttu kurvastust tunda.

Siin on tähtis see, et kui me meelt ei paranda ja oma kohust täites ei pöördu, võib sellest saada meie ja Jumala vaheline patumüür ja selle tagajärjel me pole enam Jumala kaitse all. See meenutab veidi vanemat last, kes käitub ikka lapse moodi ja kellega tuleb kogu aeg tõreleda.

Aga kui me parandame meelt ja kurvastame kogu südamest, tuleb meisse Jumala käest saadud rõõm ja rahu. Jumal annab meile ka kindluse, et me tuleme sellega toime. Ta annab meile jõu ülesannete täitmiseks. See on Jumala trööst kurbadele.

Järgmiseks on trööst usuvendadele.

Vahel teevad usuvennad pattu ja lähevad surma teed. Sel juhul tunneme me vendade pärast ärevust ja muret kui meis on halastust. Seega me kurvastame, otsekui oleks tegu meie endi asjadega. Me parandame isegi nende eest meelt ja palvetame armastusega, et nad võiksid tõe kohaselt tegutseda.

Meis võib olla taoline kurbus ja pisarsilmil tehtud palved, millega me parandame meelt hingede eest ainult siis kui meil on tõeline armastus nende vastu. Jumalal on hea meel niisugustest kurbusega tehtud palvetest ja see toob meile Ta tröösti.

Vastupidiselt, leidub inimesi, kes teiste üle kohut mõistavad ja taunivad neid ja teiste elu raskeks teevad, selle asemel, et nende eest kurvastada ja palvetada. Samuti levitavad mõned inimesed teiste tehtud ülekohut ja see ei ole Jumala silmis õige. Me peame teiste patud armastusega katma ja nende eest palvetama, et nad ei teeks enam pattu.

Stefanose märtrisurmast kirjutatakse Apostlite tegude 7. peatükis. Juudid solvusid Stefanose kuulutatud sõnumi peale. Kui ta ütles, et ta vaimusilmad avanesid ja ta nägi Isandat Jeesust seismas Jumala paremal käel, viskasid nad ta kividega surnuks.

Stefanos palvetas ka kividega surnukspildumise ajal armastusega teda kividega loopivate kurjade inimeste eest.

> *Ja nad viskasid kividega Stefanost, kes valjusti hüüdis: „Isand Jeesus, võta mu vaim vastu!" Ja ta laskus põlvili ning hüüdis suure häälega: „Isand, ära pane seda neile patuks!" Ja kui ta seda oli öelnud, uinus ta* (Apostlite teod 7:59-60).

Millised olid Jeesuse teod? Teda pilgati ja kiusati taga kui Teda risti löödi, ometi palvetas Ta oma ristilööjate eest, öeldes: *„Isa, anna neile andeks, sest nad ei tea, mida nad teevad!"* (Luuka 23:34).

Kui Ta võttis ristivalu täiesti süütult enese kanda, palvetas Ta ikkagi enese ristilööjate pattude andekssaamise eest. Selle kaudu võime me mõista kui sügav, lai ja suur on Jeesuse armastus hingede vastu. See on Jumala silmis õiget moodi süda. Selle südamega saame me õnnistused vastu võtta.

On olemas ka kurbus suurema arvu hingede päästmiseks.

Kui jumalalapsed näevad selle maailma patu tõttu määrituid ja hukatuse teed mööda minejaid, peab neil olema armastav kaastunne, mis soovib neile halastust. Tänapäeval on patt valdav, täpselt nii nagu Noa päevil. Seda sugupõlve karistati veeuputusega. Soodomat ja Gomorrat karistati tulega.

Seega, me peaksime kurvastama oma vanemate, vendade ja õdede, sugulaste ja ligimeste pärast, kes pole veel päästetud. Samuti peaksime me kurvastama oma riigi ja inimeste, koguduste ja jumalariiki segavate asjade pärast. See tähendab, et me peaksime hingede päästmiseks kurvastust tundma.

Apostel Paulus muretses ja leinas alati jumalariigi ja selle õigsuse ja hingede pärast. Teda kiusati taga ja ta läbis väga palju raskusi evangeeliumi kuulutamisel. Ta pandi isegi vangi. Aga ta ei leinanud oma kannatuste tõttu, vaid ainult kiitis ja palus Jumalat (Apostlite teod 16:25). Aga ta leinas väga rohkelt jumalariigi ja hingede tõttu.

Peale kõige muu päevast päeva rahva kokkuvool minu juurde, mure kõigi koguduste pärast. Kes on nõder, ja mina ei oleks nõder? Keda kiusatakse, ja mina ei süttiks? (2. Korintlastele 11:28-29).

Sellepärast valvake ja pidage meeles, et ma kolm aastat, ööd ja päevad, ei ole lakanud pisarsilmil igaühte manitsemast (Apostlite teod 20:31).

Kui usklikud ei seisa kindlalt Jumala Sõna peal või kui koguduses ei ilmne Jumala au, tunnevad Pauluse taolised inimesed kurbust ja on selle tõttu murelikud.

Samuti, kui neid kiusatakse Isanda nime tõttu taga, ei tunne nad kurbust, kuna see on neile raske. Nad tunnevad pigem kurbust teiste inimeste hingede pärast. Pealegi, kui nad näevad, et maailm pimeneb üha, kurvastavad nad ja paluvad, et Jumala au ilmneks veelgi rohkem ja enam hingi saaks päästetud.

Vajadus vaimse armastuse järele, et tunda vaimset kurbust

Mida me peaksime nüüd tegema, et tunda vaimset kurbust, mida Jumal tahab? Vaimse kurbuse tundmiseks peame me eelkõige vaimset armastust omama.

Nii nagu öeldakse Johannese 6:63: *„Vaim on see, kes elustab, lihast ei ole mingit kasu"*, annab ainus armastuse liik, mida Jumal tunnistab, elu ja suudab viia inimesed pääsemise teele. Isegi kui kellegil näib olevat palju armastust, kui tema armastus on tõest kaugel eemal, on tegu vaid lihaliku armastusega.

Armastust võib liigitada lihalikuks ja vaimseks armastuseks. Lihalik armastus otsib enesekasu. Tähendusetu armastus muutub ja hukkub lõpuks. Teisest küljest, vaimne armastus ei muutu kunagi. See on Jumala Sõna tões sisalduv armastus. See on tõeline armastus, mis taotleb ennast ohverdades teiste kasu.

Vaimset armastust ei ole võimalik inimliku väega saada. Ainult siis kui me mõistame Jumala armastust ja elame tões, võime me niisugust armastust teistele anda. Kui meis on vaimne armastus, mis suudab isegi meie vaenlasi armastada ja teiste eest oma elu anda, õnnistab Jumal meid külluslikult. Niisuguse armastusega võime me oma elu kõikjal anda ja paljud naasevad Isanda juurde.

Seega, kui me südames on vaimne armastus, võime me surevate hingede pärast kurbust tunda ja nende eest palvetada. Sellise armastusega muutuvad ka paadunud südamega inimesed ja see annab elu ja usu.

Jumala armastatud usuisadel oli niisugune vaimne armastus ja nad palvetasid hävingu teed minevate hingede eest. Nad palvetasid pisarates ja kurvastades jumalariigi ja Jumala õiguse pärast. Nad ei valanud lihtsalt pisaraid, vaid hoolitsesid ka ööl ja päeval teiste hingede eest, olles ustavad neile usaldatud ülesannetes.

Kurbus on tõeliselt vaimne vaid siis kui sellele järgnevad Sõna kuulutamise teod ja armastusega hingede eest hoolekandmine. Kui meil on vaimne armastus, kurvastame me samuti alati jumalariigi ja Tema õiguse tõttu.

Siis, nii nagu öeldakse Matteuse 6:33: *„Aga otsige esmalt Jumala riiki ja Tema õigust, siis seda kõike antakse teile pealegi!"*, muutuvad vaim ja hing ja jumalariik teostub ning Jumal varustab külluslikult kõige muu vajalikuga.

Õnnistus, mis antakse kurbadele

Nii nagu kirjutatakse Matteuse 5:4: *"Õndsad on kurvad, sest neid lohutatakse"*, kui me kurvastame vaimselt, lohutab meid Jumal.

Trööst, millega Jumal meid lohutab, erineb inimeste trööstimisest. 1. Johannese 3:18 öeldakse: *"Lapsed, ärgem armastagem sõnaga ja keelega, vaid teoga ja tõega!"* Nii nagu Jumal on rääkinud, ei tröösti Ta meid lihtsalt sõnadega, vaid ka materiaalsete asjadega.

Vaestele annab Jumal rahalisi õnnistusi. Haigetele annab Ta tervist. Ta vastab neile, kes paluvad oma südamesoovide täitumist.

Jumal annab ka kurbadele jõudu, kuna neil pole oma ülesannete täitmiseks piisavalt jõudu. Hingede pärast kurvastajatele annab Jumal evangeeliumi kuulutamise ja äratuse vilja. Lisaks annab Jumal neile, kes oma südame lõhki käristavad ja pattudest vabanemiseks kurvastavad, pattude andestuse armu. Samuti, Jumal õnnistab neid sel määral, mil nad vabanevad pattudest ja saavad pühitsetud ja nende kaudu ilmnevad Jumala suured ja vägevad teod, nii nagu apostel Paulusegi puhul.

Mitu aastat tagasi läbisin ma suured raskused, mille ajal kogudust ähvardati. Ma pidin väga palju kurvastama kogudusse katsumused toonud inimeste tõttu ja süütute tagakiusu kannatavate koguduseliikmete pärast. Ma ei saanud isegi süüa ega magada kogudusest lahkunud nõrga usuga koguduseliikmete tõttu.

Kuna ma teadsin, missugune suur patt oli Jumala koguduse

häirimine, valasin ma väga palju pisaraid, mõteldes hingedele, kes kogudusele probleeme valmistasid. Ma pidin väga palju kurbust tundma, eriti kui ma nägin, kuidas lihtsalt valesid kuulujutte kuulnud hinged lahkusid kogudusest ja hakkasid Jumala vastu seisma, kuna ma tundsin vastutust, et ma polnud nende eest õieti hoolitseda saanud.

Ma kaotasin kaalus väga palju ja mul on raske isegi käia. Ma pidin ikkagi kolm korda nädalas jutlustama. Vahel mu ihu värises, aga ma pidin kohal püsima murest koguduseliikmete suhtes. Jumal nägi mu südant ja mil iganes ma palvetasin, Ta trööstis mind, öeldes: „Ma armastan sind. See on pigem õnnistuse eest."

Jumala tröösti saamise õnnistus

Õige aja tulles lahendas Jumal ühekaupa kõik valearusaamad ja see oli koguduseliikmete usus kasvamise võimalus. Jumal hakkas näitama väga hämmastavaid väetegusid, mida ei saanud mitte millegi eelnevaga võrrelda. Ta näitas meile arvukaid tunnustähti ja imesid ja erakordseid asju.

Ta päästis koguduse kokkuvarisemisest ja õnnistas meid selle asemel koguduse äratusega. Ta tegi ka maailmamisjoni uksed valla. Ta saatis välismaistele suurtele koosolekutele sadu, siis tuhandeid ja siis miljoneid inimesi kogunema ja evangeeliumi kuulama ja päästetud saama. See oli suur tasu ja valmistas rõõmu!

„India 2002. sasta imede ja tervenduspalvete festival" peeti maailma pikkuselt teises rannas, Marina Beach'il, Indias. Seal osales kokku enam kui 3 miljonit inimest. Paljud said nende seast terveks ja arvukad hindud pöördusid usku.

Jumala trööst tuleb kirjeldamatute õnnistuste näol. Ta annab meile seda, mida me kõige enam vajame ja rohkem kui küllaga. Ta annab meile ka taevariigi tasusid ja seetõttu on tegu tõelise õnnistusega.

Johannese ilmutuses 21:4 öeldakse: *„Tema pühib ära iga pisara nende silmist ning surma ei ole enam ega leinamist ega kisendamist, ning valu ei ole enam, sest endine on möödunud."* Nii nagu öeldud, Jumal tasub meile au ja tasudega Taevas, kus pole pisaraid, kurbust ega valu.

Alati kurvastavate ja jumalariigi ja Tema koguduse eest palvetavate inimeste taevastes eluasemetes on kulda, palju vääriskive ja muid tasusid. Ja need on eriti ehitud suurte säravate pärlidega. Auster peab iga pärli valmimiseks taluma kaua kestvat valu ja rahutust ja eritama pärli moodustamiseks enese seest tulevat kristalset ainet.

Samamoodi, kui meie valame oma maapealse kasvamise käigus pisaraid, et muutuda ja palvetame kurvastades jumalariigi ja teiste hingede pärast, trööstib Jumal meid kõiki neid asju sümboliseeriva pärliga.

Seega, kurvastagem mitte lihalikult, vaid vaimselt ja ainult jumalariigi ja teiste hingede pärast. Kui me niimoodi teeme, trööstib meid Jumal ja me saame ka taevariigis väärtuslikke tasusid.

3. peatükk
Kolmas õnnistus

Õndsad on tasased, sest nemad pärivad maa

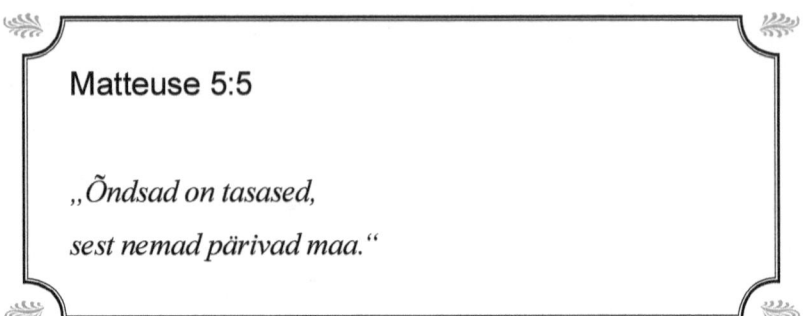

Matteuse 5:5

*„Õndsad on tasased,
sest nemad pärivad maa."*

Kui Lincoln oli nooremas eas veel tundmatu advokaat, oli Edwin M. Stantoni nimeline advokaat, kellele Lincoln sugugi ei meeldinud. Ükskord öeldi Stantonile, et ta pidi Lincolniga kohtuasja kallal töötama ja ta lõi ukse pauguga kinni ning lahkus.
„Kuidas ma peaksin selle maamehest advokaadiga koos töötama?"

Pärast teatud aja möödumist kui presidendiks valitud Lincoln moodustas oma valitsust, määras ta Stantoni Ameerika Ühendriikide kahekümne seitsmendaks sõjaministriks. Lincolni nõunikud olid üllatunud ja palusid, et ta kaaluks oma ametissemääramise otsust, kuna Stanton kritiseeris Lincolni korra avalikult ja ütles, et Lincolni presidendiks valimine oli „riiklik õnnetus."

„Ja mis siis, isegi kui ta suhtub minusse üleolevalt? Ta on väga kohusetundlik ja suudab rasketes oludes peale jääda. Ta on sõjaministri ametis olemise jaoks enam kui kvalifitseeritud."

Lincolni süda oli suuremeelne ja tasane. Ta suutis mõista ja aktsepteerida ka inimest, kes teda kritiseeris. Lõpuks hakkas ka Stanton temast lugu pidama ja täheldas pärast Lincolni surma, et ta oli kõige täiuslikum valitseja, kes maailmas kunagi elanud.

Samamoodi näitab inimese muutmine ja ta heade külgede esile tõstmine tema põlastamise ja vältimise asemel meie head ja tasast südant.

Jumal tunnustab vaimset tasadust

Üldiselt ütlevad inimesed, et endassetõmbunud, arglik, tasane olek ja kurjuseta leebe temperament tähendab tasadust. Aga Jumal ütleb, et tõeliselt tasased inimesed on vooruslikult tasased.

Siin tähendab „voorus" „asju, mis on õiged ja sobivad ja ausat südant." Jumalas vooruse omamine tähendab ausameelset käitumist teiste inimestega vaoshoitud suhtlemise käigus, väärikust ja igakülgset varustatust.

Tasadus ja vooruslikkus näivad olevat sarnased, aga nende vahel on selge erinevus. Tasadus on sisemisem, aga vooruslikkus on nagu väline riietus. Isegi kui keegi on suurepärane inimene, aga riietub ebasündsalt, vähendab see tema elegantsi ja väärikuse kuvandit. Sarnaselt, kui meil pole vooruslikkust tasadusega, ei ole tegu täiuslikkusega. Samamoodi, isegi kui meil näib olevat vooruslikus, aga meie sisimas puudub tasadus, on me vooruslikkus väärtusetu. See on nagu tühi pähklikoor.

Jumala poolt tunnustatud vaimne tasadus ei seisne vaid leebes iseloomus; sellega peab kaasnema ka vooruslikkus. Siis suudame me olla suuremeelsed ja aktsepteerida paljusid, nii nagu suurel puul on suur vari, mis on inimese puhkepaigaks.

Kuna Jeesus oli tasane, ei tülitsenud Ta ega kisendanud ja Tema häält ei olnud tänaval kuulda. Ta kohtles häid ja kurjasid inimesi ühesuguselt ja seetõttu järgisid Teda paljud.

Vooruslikkus paljude aktsepteerimiseks

Korea ajaloos oli kuningas, kellel oli tasane iseloom. Tema nimi oli Sejong Suur. Tal polnud vaid tasane iseloom, aga ta oli ka vooruslik. Ministrid ja rahvas armastasid teda. Tema ajal elasid kuulsad õpetlased Hwang Hee ja Maeng Sa Sung. Veelgi olulisem oli see, et ta oli korea tähestiku „Han-guli" looja.

Ta reformis meditsiinisüsteemi ja samuti metalli abil trükiladumise. Ta määras ametisse palju erinevaid inimesi eri valdkondades, kaasa arvatud muusika ja teadus ja tal olid hiilgavad saavutused kultuurivallas. Seega võib näha, et kui inimeses on tasadus ja vooruslikkus, võivad paljud tema juures hingamist leida ja ta kannab kaunist vilja.

Tasased inimesed suudavad aktsepteerida ka teistsuguse ettekujutuse ja haridusega inimesi. Nad ei mõista kohut ega tauni kedagi kurjaga mingis asjas. Nad saavad teiste vaatenurgast igas olukorras aru. Nende südant võib kirjeldada pehme ja trööstivana, et teisi alandlikkuses teenida.

Kui me viskame kiviga kõva metallitükki, kostub vali heli. Kui me viskame kivi klaasiga, läheb klaas puruks. Aga kui me viskame kivi puuvillapahmaga, ei ole midagi kuulda ja miski ei purune, sest puuvill ümbritseb kivi.

Samamoodi ei või tasane inimene hüljata ka neid, kellel on nõrk usk ja kes teevad kurja. Ta ootab lõpuni, et nad muutuksid ja juhib neid parematele tegudele. Tema sõnad ei ole valjuhäälsed ega põrmustavad, vaid tasased ja leebed. Ta ei räägi tähendusetuid asju, vaid ainult vajalikke tõesõnu.

Samuti ei solvu ta ega tunne vimma teiste vastu, isegi kui nad teda vihkama peaksid. Kui talle antakse nõu või tehakse etteheide, võtab ta selle rõõmuga enese täiustamiseks vastu. Niisugusel inimesel ei ole kellegi teisega probleeme. Ta mõistab teiste puudusi ja aktsepteerib neid, seega ta võidab paljude südamed.

Kasvatage oma südant ja tehke sellest hea pinnas

Vaimse tasaduse omamise jaoks on vaja oma südame pinnase usina harimise püüdu. Matteuse 13. peatükis rääkis Jeesus tähendamissõna neljast erinevast pinnasest ja võrdles neid meie südamega.

Kõvakstallatud teeraja kõrval olevasse pinnasesse langenud seeme ei suuda tärgata ega juurduda. Niisuguses südames ei ole ka pärast Jumala Sõna kuulamist usku. Niisuguse südamega inimene on jonnakas ja ei ava oma südant ka tõde kuuldes, seega ta ei saa Jumalaga kohtuda. Isegi kui ta koguduses käib, on ta lihtsalt koguduses käija rollis. Sõna pole temasse istutatud ja seega ta usk ei saa võrsuda, juurduda ega kasvada.

Kivisele pinnasele langenud seeme võib võrsuda, aga kivise pinna tõttu ei saa seemnest võrsunu viljakandvaks kasvada. Niisuguse südamega inimesel pole ka pärast Sõna kuulamist usukindlust. Ta tunneb Jumalat ja saab ka Vaimu täiuse, seega ta on parem kui „tee kõrval" olev pinnas. Aga kuna ta süda pole tões haritud, võrse kidub ja sureb ning maa harimisega ei kaasne mingeid tegusid.

Seeme võib tärgata ja kasvada ohakasel pinnal, aga ohakate tõttu ei saa see vilja kanda. Niisuguse südamega inimesel on oma soovid ja rahaahvatlused, selle maailma mured ja tema plaanid ja mõtted, seega ta ei saa igas asjas Jumala väge kogeda.

Heas pinnases saavad seemned kasvada ja kanda algse seemne saagiga võrreldes kolmkümmend, kuuskümmend või sada korda rohkem vilja. Niisuguse südamega inimene kuuletub ja ütleb kuuldud Jumala Sõnale vaid „jah" ja „aamen" ning võib igas asjas rohkelt vilja kanda. Niisugune on hea süda, mida Jumal näha igatseb.

Vaatame, missugune on meie süda. Muidugi on erinevaid südameid kaalu mõõdupuu alusel täpselt raske eristada, on siis tegu tee kõrval oleva pinnaga, kivipinnaga, ohakatesse kasvanud põllumaaga või hea pinnasega. „Tee kõrval olev pind" võib olla ka veidi kivine ja isegi kui meil on natuke head pinda, võivad me südamesse kasvamise käigus ebatõed tulla.

Aga hoolimata sellest, missugune südamepinnas meil ka poleks, kui me harime seda usinalt, võime me selle heaks pinnaseks muuta. Samamoodi on meie südame liigist tähtsam see, kui usinalt me püüame oma südant harida.

Nii nagu põllumees võtab mullast kivid, tõmbab välja umbrohu ja väetab, lootes rikkalikku saaki saada, kui meie eemaldame oma südamest igasuguse kurja nagu vihkamise, kadeduse, armukadeduse, tülid, kohtumõistmise ja hukkamõistu, võib meil olla hea südamepinnas, kus on rikkalikult headust ja tasadust.

Palvetage usus lõpuni ja vabanege kurjast

Esiteks tuleb meil oma südame harimiseks ülistada Jumalat vaimus ja tões, Sõna kuulates ja seda mõistes. Samuti tuleb meil alati rõõmustada, isegi raskustes olles ja pidevalt palves olla ning igas olukorras tänada kõige eest, püüdes samal ajal oma südant igasugusest kurjusest vabana hoida.

Kui me palume tulises palves Jumalalt jõudu ja püüame Sõna kohaselt elada, annab Jumal meile armu ja jõu ja Püha Vaimu abi, millega me saame kurjusest kiiresti vabaneda.

Isegi väga hea pinnase puhul ei saa me saaki kui me seemneid maha ei külva ja saagi eest hoolt ei kanna. Samamoodi on tähtis see, et me ei üritaks vaid üks kord või kaks korda ja peatuksime siis, vaid palvetaksime lõpuni usus. Kuna usk on loodetava tõelisus (Heebrealastele 11:1), tuleb meil usinalt üritada ja usus palvetada. Me saame rohke saagi vaid sellisel juhul.

Samuti võime me oma südamest igasuguse kurjuse eemaldamise ajal arvata, et me oleme mingil määral kurjusest vabanenud, aga siis näib kurjus taas pinnale kerkivat. See sarnaneb sibula koorimisega. Sibulakoor on ikka samasugune ka pärast paari kihi mahakoorimist. Aga kui me ei anna alla, vaid jätkame kurjusest vabanemist ja läheme lõpuni, on meil lõpuks tasane süda, kus pole mingisugust kurjust.

Moosese tasadus

Kui Mooses viis Iisraeli rahva Kaananimaale neljakümneaastase väljarände käigus, sattus ta paljudesse rasketesse olukordadesse.

Üksnes täiskasvanuid oli 600000. Kui naised ja lapsed kaasa arvata, pidi seal kokku olema rohkem kui kaks miljonit inimest. Mooses pidi juhatama nii paljusid neljakümne aasta jooksul kõrbes, kus polnud süüa ega juua. Me võime ette kujutada kui palju raskeid takistusi tal tuli ületada!

Egiptuse sõjavägi järgnes neile selja tagant (2. Moosese raamat 14:9) ja nende ees oli Punane meri. Aga Jumal avas Punase mere nende jaoks ja nad said selle läbida, minnes otsekui kuiva maad mööda (2. Moosese raamat 14:21-22).

Kui joogivett polnud, pani Jumal vee kaljust välja voolama (2. Moosese raamat 17:6). Jumal muutis ka kibeda vee magusaks (2. Moosese raamat 15:23-25). Kui toitu polnud, saatis Jumal rahva toitmiseks mannat ja vutte (2. Moosese raamatu 14.-17. peatükid).

Iisraellased nurisesid Moosese vastu iga kord kui nad raskustesse sattusid, isegi kui nad tunnistasid elava Jumala väge.

Ja Iisraeli lapsed ütlesid neile: "Oleksime ometi võinud surra Isanda käe läbi Egiptusemaal, kus me istusime lihapottide juures, kus me sõime leiba kõhud täis! Teie aga olete meid toonud siia kõrbesse, et kogu seda kogudust nälga suretada" (2. Moosese raamat 16:3).

Ent rahval oli veejanu ja rahvas nurises Moosese vastu ning ütles: "Mispärast sa tõid meid Egiptusest siia, mind ja minu lapsi ning mu karja janusse surema?" (2. Moosese raamat 17:3).

Te nurisesite oma telkides ja ütlesite: "Sellepärast et Isand meid vihkab, on Ta meid toonud Egiptusemaalt, et anda meid emorlaste kätte hävitamiseks" (5. Moosese raamat 1:27).

Mõned nende seast püüdsid isegi Moosest kividega surnuks visata. Mooses pidi nende inimestega olema nelikümmend aastat, õpetades neid tões ja viies nad Kaananimaale. Juba sellest võib ette kujutada kui tasane ta olla võis.

Sellepärast Jumal kiitis teda 4. Moosese raamatus 12:3 sõnadega: *"Aga mees Mooses, oli väga alandlik, alandlikum kõigist inimestest maa peal."*

Aga Mooses polnud algusest peale nii tasane. Tal ärritus ja tappis heebrea meest väärkohelnud egiptlase. Ta oli ka Egiptuse printsina üles kasvades väga enesekindel. Ent ta alandus ja laskus täielikult alamale ajal kui ta karjatas Midjani kõrbes neljakümne aasta jooksul karja.

Kuna ta tappis egiptlase, pidi ta lahkuma vaarao paleest ja temast sai põgenik. Lõpuks sai ta kõrbes elades aru, et ta ei saanud oma jõuga midagi korda saata. Aga pärast puhastusaega sai temast nii tasane inimene, et ta suutis igaüht aktsepteerida.

Lihaliku ja vaimse tasaduse erinevus

Tavaliselt on lihalikus mõttes tasased inimesed vaikse ujeda iseloomuga. Neile ei meeldi vali lärm ega mürtsuvad helid.

Seega, me võime näha, et nad on isegi ebatõe puhul veidi ebalevad. Kui nad on ebamugavas olukorras, võivad nad selle oma sisimas alla suruda, aga nad kannatavad oma südames. Kui olukord ületab nende taluvuspiiri, võivad nad paljude üllatuseks pahvatada. Samuti nad pole oma ülesannetes kirglikult ustavad, seega lõpuks nad ei kanna vilja.

Niisugune uje ja introvertne iseloom ei ole Jumalale meelepärane tasadus. Inimesed võivad seda tasaduseks pidada, aga südamete uurija Jumala silmis ei saa niisugust iseloomu tasaseks pidada.

Aga need, kes saavutavad südame vaimse tasaduse südames olevatest valedest vabanemisega, kannavad külluslikku vilja erinevates evangeeliumi kuulutamise ja äratuse tahkudes, nii nagu hea pinnas võib anda rikkalikku saaki.

Nad kannavad ka vaimselt Valguse vilja (Efeslastele 5:9), vaimse armastuse vilja (1. Korintlastele 13:4-7) ja Püha Vaimu vilja (Galaatlastele 5:22-23). Niimoodi saavad nad vaiminimeseks, seega nad saavad oma palvetele kiirelt vastused.

Eelkõige need, kes on vaimselt tasased, on tugevad ja tões vaprad. Kui nad peavad tõde õpetama, võivad nad õpetuses ranged olla. Kui nad näevad hingi, kes teevad Jumala ees pattu, võib neis olla ka tugevus ja julgus armastuses keda iganes noomida ja korrale kutsuda.

Näiteks Jeesus oli kõigist tasasem, aga Ta noomis inimesi rangelt neis asjus, mis polnud tõe kohaselt õiged. See tähendab, et Ta ei talunud Jumala Templi rüvetamist.

Ja Ta leidis pühakojas neid, kes müüsid härgi ja lambaid ja tuvisid, ja rahavahetajaid istumas. Ja Ta tegi paeltest piitsa ning ajas pühakojast välja kõik, nii lambad kui härjad, ja Ta puistas laiali rahavahetajate mündid ning lükkas kummuli nende lauad ja ütles tuvimüüjatele: „Viige need siit minema! Ärge tehke minu Isa koda kaubakojaks!" (Johannese 2:14-16).

Ta noomis valjult ja varisere ja kirjatarkasid, kes õpetasid valet ja läksid Jumala Sõna vastu (Matteuse 12:34; 23:13-35; Luuka 11:42-44).

Vaimse tasaduse tase

Üks asi, mida me teadma peaksime, on see, 1. Korintlastele 13. peatüki vaimses armastuses on tasadus ja Galaatlastele 5. peatükis on samuti vaimne tasadus, mis on üks Püha Vaimu viljadest.

Kuidas nad siis erinevad Õndsakskiitmiste tasadusest? Muidugi pole need kolm asja täiesti erinevad. Peamiselt tähendab see mahedust ja kurjuseta olekut ning voorust. Aga igaühel neist on erinev sügavus ja laius.

Esiteks on vaimse armastuse tasadus tasaduse kõige elementaarsem tasand, mis aitab armastust saavutada. Püha Vaimu üheksa vilja tasadusel on laiem tähendus; see on tasadus igas mõttes.

Vaimu vilja tasadus on südameviljana sündinu ja kui seda vilja ellu rakendada, toob see õnnistused ning siis on tegu Õndsakskiitmiste tasadusega.

Näiteks me võime öelda kui ilus puu kannab rohkelt head vilja, et tegu on „Püha Vaimu viljaga", aga kui me toda vilja oma ihu heaoluks kasutame, on tegu Õndsakskiitmiste tasadusega. Seega võib öelda, et Õndsakskiitmiste tasadus on kõrgemal tasemel.

Vaimselt tasaste õnnistused

Nii nagu öeldakse Matteuse 5:5: *„Õndsad on tasased, sest*

nemad pärivad maa", kui meis on vaimne tasadus, pärime me maa.

Siin ei tähenda „maa pärimine" seda, et me saame maapealse maa, aga me saame igavese taevariigi maa (Laul 37:29).

Pärand on vara või möödunud sugupõlve olude või iseloomujoonte omandamine. Tavaliselt tunnustavad teised pärandi omamist rohkem kui muud, raha eest soetatavat vara.

Näiteks kui inimesel on maalapp, mis on olnud mitme sugupõlve jooksul ta perekonna pärandiks, teavad kõik ta naabrid sellest. Perekond peab seda väärtuslikuks ja pärandab selle oma lastele. Sellepärast tähendab maa pärimine, et me saame selle kindlalt oma maaks.

Missugusel põhjusel siis Jumal annab taevariigi maa neile, kellel on vaimne tasadus? Laulus 37:11 öeldakse: *„Ent alandlikud pärivad maa ja tunnevad rõõmu suurest rahust."* Nii nagu öeldud, kuna tasased on vooruslikud ja aktsepteerivad paljusid.

Tasane inimene võib teiste vead andestada, neid mõista ja aktsepteerida, et paljud võiksid tema läbi hingamist leida ja rahu kogeda.

Kui inimene saab omale südame, mis mahutab paljusid, kaasneb sellega vaimne meelevald ja ta saab suure meelevalla isegi taevariigis. Seega ta pärib loomuomaselt suure maa-ala.

Vaimne meelevald taevariigi maa pärimiseks

Selles maailmas saadakse meelevald vaid siis kui ollakse rikas ja kuulus, aga taevariigis antakse vaimne meelevald neile, kes alanduvad ja teenivad teisi.

Nõnda ei tohi olla teie seas, vaid kes iganes teie seas tahab saada suureks, olgu teie teenija, ja kes iganes teie seas tahab olla esimene, olgu teie sulane, nii nagu Inimese Poeg ei ole tulnud, et lasta ennast teenida, vaid et ise teenida ja anda oma elu lunaks paljude eest (Matteuse 20:26-28).

Tõesti, ma ütlen teile, kui te ei pöördu ega saa kui lapsed, ei pääse te taevariiki! Kes nüüd iseennast alandab selle lapse taoliseks, see on suurim taevariigis (Matteuse 18:3-4).

Kui me muutume laste taoliseks, alandume me südames nii palju kui võimalik, et me saaksime südame, kuhu mahuvad paljud maailma inimesed ja me saaksime taevariigis suurimateks.

Samamoodi annab Jumal hiiglaslikud maa-alad inimesele, ajast kui ta mahutab vaimse tasadusega oma südamesse paljusid ja laseb tal oma meelevalda igavesti kogeda. Kui me ei saaks hiiglaslikke maa-alasid taevas, kuidas oleks siis võimalik ehitada suurepäraseid ja võrratuid kodusid?

Oletame, et me oleme Jumala heaks palju tegusid teinud ja

saanud oma taevase hoone ehitamiseks palju materjale, aga kui meil on vaid väike maalapike, ei saa me niisugust suurt maja ehitada.

Seega antakse Uude Jeruusalemma minejatele suured maa-alad, kuna need inimesed saavutasid täieliku vaimse tasaduse. Kuna nende maaosa on suur, on ka nende majad suured ja ilusad.

Samuti on igas kodus kõige sobivamal moel looduslikud rajatised nagu ilusas korras aiad, järved, orud ja mäekünkad. Seal on ka muid rajatisi nagu ujumisbasseine, mänguväljakuid, tantsusaale jne. See on, kuidas Jumal hoolitseb majaomaniku eest, kes võib kutsuda neid, keda ta oma südamega aktsepteerinud on ja aidata neil vaimus kasvada ja pidada pidusööminguid ning igavesti armastada.

Jumal otsib ka tänapäeval usinalt neid, kes on tasased, et anda neile ülesandeks aktsepteerida väga palju hingi ja juhatada nad tõe sisse ning anda neile igavese taevariigi pärandiks hiiglaslikke maa-alasid. Seega, püüdkem usinalt saada pühitsust ja südame tasadust, et me võiksime taevariigis hiiglaslikud maa-alad oma pärandiks saada.

4. peatükk
Neljas õnnistus

Õndsad on need,
kellel on nälg ja janu õiguse järele,
sest nemad saavad küll

Matteuse 5:6

„Õndsad on need, kellel on nälg ja janu õiguse järele, sest nemad saavad küllaga."

Koreas on järgmine ütlus: „Kui inimene ei söö kolm päeva, saab temast varas." See räägib näljavaludest. Isegi kõige tugevam inimene ei suuda näljaselt midagi teha.

Isegi paari söögikorda pole lihtne vahele jätta, kujutage siis ette, mis tunne on olla üks, kaks või kolm päeva söömata.

Esiteks te tunnete nälga, aga aja möödudes hakkab teil kõht valutama ja võivad tekkida ka külmavärinad. Te ihu hakkab üleni valutama ja ihulikud funktsioonid manduvad. Teie söögiiha muutub selles olukorras veelgi äärmuslikumaks. Kui see jätkub, võite te isegi surra.

Ka tänapäeval leidub inimesi, kes söövad isegi mürgiseid taimi, kuna nad on tõsises näljahädas ja sõdades. Paljud elavad igapäevaselt omale prügikastidest ja prügihunnikutest mingit söögipoolist otsides.

Aga janu on näljast veelgi raskem taluda. See on üldiselt teada, et vesi moodustab 70% inimese ihust. Kui me kaotame ihust vaid 2% vedelikku, tekib meil tugev janu. Kui me kaotame 4%, muutub ihu nõrgaks ja me võime isegi teadvuse kaotada. Kui me kaotame 10%, võime me surra.

Vesi on inimese ihu jaoks absoluutselt oluline koostisosa. Äärmusliku janu tõttu lähevad mõned lõõmava päikese all kõrbest läbi minevad inimesed miraaži suunas, pidades seda oaasiks, ja hukkuvad.

Niimoodi on nälja ja janu talumine tõeliselt valulik ja võib isegi lõppeda surmaga. Miks siis Jumal ütleb, et õndsad on need, kellel on nälg ja janu õiguse järele?

Need, kellel on nälg ja janu õiguse järele

Õigus on nimisõna, mis tuleb sõnast „õiglane." *Merriam-Webster Online Dictionary* sõnaraamatus kirjeldatakse sõna „õiglane" kui „jumaliku või moraaliseaduse kohast käitumist: vabadust süüst või patust." Me võime oma ümbruskonnas näha inimesi, kes annavad isegi oma elu ohvriks, et sõprade vahel valet liiki õigsust säilitada. Nad protestivad ka ühiskondlike anomaaliate vastu, toonitades oma usku õigsusesse.

Aga Jumala õigus on teistsugune. See tähendab Jumala tahte järgimist ja headust ja tõde kehastava Jumala Sõna järgi tegemist. See kehtib iga meie sammu kohta, kuni meis taastub täielikult Jumala kadumaläinud kuju ja me jõuame pühitsusele.

Need, kellel on nälg ja janu õiguse järele, tunnevad rõõmu Isanda Jumala Seadusest ja nad mõtisklevad selle üle päeval ja ööl, nii nagu kirjutatakse Laulus 1:1-2. See on niimoodi, kuna Jumala Sõna sisaldab Jumala tahet ja räägib, missugused teod on õiglased.

Samuti, täpselt nii nagu laulukirjutaja tunnistas, igatsevad nad Jumala Sõna ja võtavad seda päeval ja ööl enesesse, mitte vaid teadmiste talletamiseks, vaid oma ellu rakendamiseks.

> *Mu silmad on lõppenud ootamast su abi ja su õiguse tõotust* (Laul 119:123).

Ma jõudsin koidust ette ja hüüdsin. Sinu Sõna peale ma loodan. Mu silmad jõuavad ette vahikordadest, et mõlgutada mõttes su ütlust (Laul 119:147-148).

Kui me tõesti teame, missugune on Jumala armastus, igatseme me südamepõhjast Ta Sõna ja oleme seega näljas ja janus õiguse järele, kuna me mõistame, et Jumala ainus Poeg Jeesus, kes oli süütu ja veatu, kandis ristil meie valu ja häbi. Ta kandis ristil meie häbi ja kannatused, et lunastada meid, kes me olime patused, me pattudest ja anda meile igavene elu.

Kui me usume seda risti armastust, saame me vaid Jumala Sõna alusel elada. Me mõtleme: „Kuidas ma võiksin tasuda Isanda armastuse eest ja olla Jumalale meeltmööda? Kuidas ma võin Tema tahet teha?" Nii nagu janune hirv ihkab veeojade järele, ihkame meie niisugust õigsust, mida Jumal tahab.

Seega me kuuletume usinalt kui me kuuleme Sõna, vabaneme pattudest ja rakendame tõe oma ellu.

Õiguse järele näljaste ja januste teod

Ma sain Jumala väega terveks paljudest arstiteaduse abil ravimatutest haigustest. Kuna ma kohtusin sel moel Jumalaga, igatsesin ma mulle uue elu andnud Jumala Sõna. Ma osalesin igal äratuskoosolekul, et kuulda ja mõista rohkem ja otsisin Jumala palet, et Temaga lähedasemalt kohtuda.

Mina armastan neid, kes armastavad mind, ja kes otsivad mind, need leiavad minu (Õpetussõnad 8:17).

Kui ma sain aru Jumala tahtest jutlustest, kus räägiti kogu hingamispäeva pidamisest, õige kümnise andmisest ja sellest, et me ei peaks Jumala ette tühjade kätega ilmuma (2. Moosese raamat 23:15), püüdsin ma Sõna usinalt ellu rakendada. Ma olin mind tervendanud ja päästnud Jumalale tänulik ja janunesin Jumala Sõna tegemise järele.

Kui Jumala õigsuse ellu rakendamise protsess algas, sain ma aru, et mu südames oli vihkamine. Siis ma mõtlesin: „Milline ma olen, et ma suudan kedagi vihata?"

Ma vihkasin neid, kes mu tunnetele haiget olid teinud kui ma veetsin seitse aastat haigevoodis, aga kui ma mõistsin enese eest risti löödud ja oma vere ja vee valanud Jeesuse armastust, palusin ma väga, et vihkamisest lahti saada.

Hüüa mind, siis ma vastan sulle ja ilmutan sulle suuri ja salajasi asju, mida sa ei tea! (Jeremija 33:3).

Kui ma palvetasin ja mõtlesin teiste vaatevinklist asju vaadates, võisin ma näha, et nad võisid oma olukordades niimoodi tegutseda.

Kui ma mõtlesin, et nende süda pidi väga valutama kui nad nägid mu lootusetust, sulas kogu minus olnud vihkamine ja ma hakkasin igasuguseid inimesi kogu südamest armastama.

Samuti pidasin ma meeles Piibli Sõnu, kus öeldi, et me

peaksime tegema teatud asju ja teatud asju mitte tegema, teatud asjadest kinni pidama ja teatud asjadest loobuma. Ma rakendasin selle oma ellu. Ma kirjutasin iga oma patuse iseloomujoone, millest ma pidin vabanema, märkmikku ja hakkasin neist palve ja paastu teel vabanema. Kui ma veendusin, et ma olin neist vabaks saanud, kriipsutasin ma need punase pliiatsiga maha. Lõpuks kulus kolm aastat, kuni ma võisin kõik märkmikku kirja pandud patused iseloomujooned maha kriipsutada.

1. Johannese 3:9 öeldakse: *„Ükski, kes on sündinud Jumalast, ei tee pattu, sest Jumala seeme püsib temas ja ta ei saa teha pattu, sest ta on sündinud Jumalast."* Kui meis on nälg ja janu õiguse järele ja me teeme Jumala Sõna kohaselt, tunnistab see, et me kuulume Jumalale.

Sööge Inimese Poja liha ja jooge Tema verd

Mis on näljastele ja janustele kõige olulisem? Muidugi on see toit, mis võtab nälja ja jook, mis kustutab janu. Need on isegi väärtuslikumad kui vääriskivid.

Kaks kaupmeest läksid kõrbes telki. Nad hakkasid hiljukesi kiitlema oma vääriskivide üle. Neid jälginud araabia nomaad rääkis neile oma loo.

Sellele nomaadile meeldisid minevikus väga vääriskivid. Kui ta läks läbi kõrbe, tabas teda liivatorm. Ta ei saanud mitu päeva süüa ja oli kurnatud. Ta leidis koti ja avas selle. Seal olid pärlid, mis talle vanasti väga meeldisid.

Kas tal oli tõesti nii hea meel, et ta leidis pärlid, mis talle vanasti nii väga meeldisid? Tegelikult mitte. Selle asemel tundis ta suurt meeleheidet. Tal polnud sel ajal kõige rohkem vaja mitte pärle, vaid süüa ja juua. Mis kasu on pärlitest kui inimene on näljasurma äärel?

Vaimuga on samamoodi. Johannese 6:55 ütles Jeesus: *"Sest minu liha on tõeline roog ja minu veri on tõeline jook."* Ta ütles ka Johannese 6:53: *"Tõesti, tõesti, ma ütlen teile, kui te ei söö Inimese Poja liha ega joo Tema verd, ei ole teie sees elu."*

Meil on oma vaimu jaoks vaja nimelt igavest elu ja kogeda Jeesuse liha süües ja verd juues täisolemise õnnistust.

Siin sümboliseerib Inimese Poja Jeesuse liha Jumala Sõna. Tema liha söömine tähendab Piibli kuuekümne kuude raamatusse kirja pandud Jumala Sõna enesesse võtmist ja meelespidamist. Jeesuse vere joomine tähendab usus palvetamist ja Sõna ellu rakendamist, kui me seda loeme, kuuleme ja tundma õpime.

Õiguse järele näljaste ja januste kasvuprotsess

1. Johannese 2. peatükis on üksikasjalik kirjeldus vaimses usus kasvamise ja Inimese Poja liha söömise ja vere joomise kaudu igavese elu hoidmise kohta.

Ma kirjutan teile, lapsed, sest patud on teile andeks antud Tema nime pärast. Ma kirjutan teile, isad, sest teie olete mõistnud Teda, kes on olnud algusest. Ma kirjutan teile, noored, sest te olete ära võitnud kurja. Ma olen kirjutanud teile, lapsed, sest teie olete ära tundnud Isa. Ma olen kirjutanud teile, isad, sest teie olete mõistnud Teda, kes on olnud algusest. Ma olen kirjutanud teile, noored, sest te olete tugevad ja Jumala Sõna püsib teis ning te olete ära võitnud kurja (1. Johannese 2:12-14).

Kui inimene, kes Jumalat ei tunne, võtab Jeesuse Kristuse vastu ja saab andestuse oma pattudele, saab ta Püha Vaimu ja jumalalapseks saamise õiguse. See tähendab, et temast saab otsekui vastsündinu.

Kui imik kasvab ja temast saab laps, hakkab ta Jumala tahtest üha enam aru saama, nii nagu laps mõistab oma ema ja isa, aga ta ei suuda Sõna tegelikult täiesti ellu rakendada. See sarnaneb laste armastusele oma vanemate vastu, aga nende mõtted ei ole sügavad ja nad ei mõista oma vanemate südant täielikult.

Kui inimene kasvab vaimsest lapseeast välja, saab temast vaimne nooruk, kes on Sõna ja palvega relvastatud. Ta teab, mis on patt ja õpib Jumala tahet tundma. Noorukid on energilised ja neil on ka sageli oma tugevad arvamused. Seega neil on kalduvus kergesti vigu teha, aga neil on kindlus ja liikumapanev jõud, et oma eesmärk saavutada.

Vaimses noorukieas nad armastavad Jumalat ja neil on tugev

usk, seega nad ei lähe maailma asjatute asjadega kaasa. Nad on täis Vaimu ja nende lootus on taevariigis ning nad võitlevad Sõna kuulates oma pattudega.

Neis on jõud ja julgus katsumustele või kiusatustele vastu seismiseks. Jumala Sõna on neis, seega nad saavad vaenlasest kuradist ja maailmast võitu ja on alati võidukad.

Kui nad kasvavad noorukieast välja ja saavad isataolisteks, on nad täiskasvanud. Nad võivad oma kogemuste alusel otsust tehes kõigele mõelda, et igas olukorras õiget otsust langetada. Nad saavad ka tarkust, et aeg-ajalt alanduda.

Paljud ütlevad, et me võime vanemate südant mõista ainult pärast laste sünnitamist ja üleskasvatamist. Samamoodi võime me Jumala päritolu mõista vaid siis kui meist saavad vaimsed isad, et Tema ettehooldest aru saada ja kõrgemal tasemel usk omandada.

Isa on vaimselt inimene, kes on Jumala päritolu ja kõigi teiste vaimumaailma saladuste, kaasa arvatud taevaste ja maa loomise, mõistmise tasemel. Kuna ta tunneb Jumala südant ja tahet, võib ta Jumala südame kohaselt täpselt kuuletuda ja seega Jumal armastab ja õnnistab teda. Ta saab igasuguseid õnnistusi, kaasa arvatud tervise, kuulsuse, meelevalla, rikkuse, lasteõnnistuse jne.

Vaimse rahulolu õnnistus

Pärast jumalalapseks sündimist võime me vaimus kasvada

niipalju kui me võtame endasse tõelist toitu ja tõelist jooki ja liikuda vaimsesse mõõtmesse. Vaimse mõõtme sügavuse süvenemisega võime me lihtsamalt valitseda vaenlase kuradi ja saatana üle ja me suudame ka mõista Isa Jumala südame sügavust.

Me suudame Jumalaga selgelt suhelda ja Püha Vaim võib meid kõiges juhatada, nii et meil on kõiges edu. Jumalaga Püha Vaimu täiuse kaudu suhtlev elu on rahulolu õnnistus, mis antakse neile, kellel on nälg ja janu õiguse järele.

Nii nagu öeldakse Matteuse 5:6: *„Õndsad on need, kellel on nälg ja janu õiguse järele, sest nemad saavad küllaga"*, rahulolu õnnistuse saajatel pole mingit põhjust läbikatsumistesse ega katsumustesse sattuda.

Ka takistuste olemasolu korral varustab Jumal meid vajalikuga, et takistusi Püha Vaimu juhtimise abil vältida. Isegi kui me sattume raskustesse, annab Jumal meile neist väljapääsutee teada. Kui meie hinge lugu on hea, läheb kõik meiega hästi ja me oleme terved; meid juhitakse kõiges jõukusesse, et meie suu oleks alati tunnistusi täis.

Kui Püha Vaim juhatab meid niimoodi, saame me jõu pattudest ja kurjast kergesti aru saamiseks ja vabanemiseks ja võime seega joosta pühitsuse suunas. Meie kristliku elu pühitsusprotsessi ajal ei ole alati lihtne leida asju, mis on väga sügaval meie südames või väga peened ja väikesed ebaõiglased asjad.

Kui Püha Vaim paistab oma valguse selles olukorras meie peale, võime me aru saada, mida me tegema ja saavutama peame. Siis võime me kõrgematele usutasemetele minna.

Samuti me ei pruugi aru saada, kuigi me ei kasuta oma elus valesid, et pattu teha, missugune on paljudes olukordades Jumalale meelepärasem tee. Kui me sellistel juhtudel taipame Püha Vaimu töö kaudu, mis on Jumalale meeltmööda ja teeme selle kohaselt, on meie hinge lugu veelgi parem.

Tõelise roa ja tõelise joogi tähtsus

Ühel usklikul oli sadu tuhandeid dollareid võlgu ja ta oli suures ahastuses. Aga siis ta tahtis minna Jumala ette ja Temast kinni hoida. Ta uskus, et ta klammerdus oma viimase lootuskiire külge ja hakkas palvetama ja igatseva südamega Jumala Sõna kuulama.

Ta kuulas tööle sõites jutluste kassetilinte ja luges vähemalt ühe peatüki Piiblist ja jättis iga päev ühe Piibli kirjakoha meelde. Siis meenus talle igal päeva hetkel Jumala Sõna ja ta suutis seda järgida.

Aga see ei tähenda, et õnnistuste väravad läksid otsekohe valla. Kui ta otsis tõsimeelselt Jumala tahet ja palvetas tuliselt, kasvas ta usk. Ta hinge lugu oli hea ja tema tööd hakkas saatma õnnistus. Varsti suutis ta tasuda sadade tuhandete dollarite suuruse võlasumma. Tema kümnisesumma suureneb tänapäevalgi.

Samamoodi, kui me oleme õiguse järele tõeliselt näljas ja janus, samamoodi nagu näljased ja janused otsivad toitu ja vett, saame me õiguse. Selle tulemusena saame me tervise ja rikkuse õnnistused. Me saame Püha Vaimu täiuse ja sisenduse ja suhtleme Jumalaga. Me suudame jumalariiki kõige täielikumal määral teoks teha.

„Kui palju ma mõtlen iga päev Jumala peale ja loen Tema Sõna ning mõtlen selle üle?"

„Kui tõsiselt ma palvetan ja püüan Jumala Sõna oma ellu rakendada?"

Kontrollime end sel moel ja olgu meis nälg ja janu õiguse järele, kuniks Isand naaseb, et Isa Jumal võiks meid vaimse rahuloluga õnnistada.

Siis suudame me Jumalaga sügavamalt osaduses olla ja meid juhatatakse rikkamasse ellu ning kõige olulisem on see, et me saame taevariigis aulisesse kohta minna.

5. peatükk
Viies õnnistus

Õndsad on halastajad, sest nende peale halastatakse

Matteuse 5:7

*„Õndsad on halastajad,
sest nende peale halastatakse."*

Jean Valjean oli raamatus Les Misérables üheksateist aastat vangis vaid leivapätsi varguse eest. Pärast ta vabaks saamist andis preester talle toitu ja ulualust, aga ta varastas temalt küünlajala ja jooksis minema. Politsei pidas ta kinni ja tõi preestri juurde tagasi.

Preester ütles, et ta andis lambijala Jean Valjeanile tema päästmiseks. Ta küsis Jean Valjeanilt: „Miks sa alustassi ei võtnud?" ja hajutas sellega detektiivide kahtlused.

Selle sündmuse abil õppis Jean Valjean tõelise armastuse ja andestuse kohta ja hakkas uut elu elama. Aga detektiiv Javert jälitas Valjeani ja tegi kogu ta eluajal ta elu raskeks. Hiljem päästis Valjean detektiivi surnuks laskmisest. Ta ütles: „On palju ulatuslikke asju nagu meri, maa ja taevas, aga andestus on neist veelgi ulatuslikum."

Teiste peale halastamine

Kui me teistele halastusest andestame, võime me nende südant puudutada ja nende süda võib muutuda. Mida tähendab halastus?

See on süda, mis andestab kogu südamest ja palvetab inimese eest ja annab talle armastusega nõu, isegi kui see inimene teeb pattu või tekitab meile otseseid raskusi. See sarnaneb Galaatlastele 5. peatüki üheksas viljas leitud headusele, aga on sellest sügavam.

Headus on süda, mis järgib vaid headust ja kus pole kurja ja seda on selgelt näha mitte kunagi tülitsenud ega kisendanud Jeesuse südamest.

Ta ei riidle ega kisenda ega kuule tänavail keegi Ta häält, rudjutud roogu ei murra Ta katki ja hõõguvat tahti ei kustuta Ta ära, kuni Ta on õigusele võidu saatnud (Matteuse 12:19-20).

Rudjutud roo mitte katki murdmine tähendab, et kui keegi teeb kurja, ei karista Isand teda otsekohe, vaid on temaga kannatlik, kuni ta jõuab pääsemisele. Näiteks Jeesus teadis, et Juudas Iskariot müüb Ta hiljem maha, aga Ta andis talle armastusega nõu ja püüdis teda lõpuni asjast aru saama panna.

Samuti tähendab hõõguva tahi mitte ära kustutamine, et Jumal ei hülga kohe oma lapsi, isegi kui nad ei ela tões. Isegi kui me teeme pattu, kuna me pole täiuslikud, annab Jumal meile sellest Püha Vaimu abil teada ja on meiega lõpuni kannatlik, et me võiksime tõe läbi muutuda.

„Halastus" tähendab arusaamist, andestamist ja teiste Isanda südamega õiget teed mööda juhatamist, isegi kui meile tehtakse põhjuseta kurja. See ei tähenda meie perspektiivist omakasupüüdlikku mõtlemist, vaid teiste perspektiivist mõtlemist, et me võiksime teisi mõista ja nende peale halastada.

Jeesus andestas abielurikkujale

Johannese 8. peatükis tõid variserid ja kirjatundjad Jeesuse ette abielurikkumiselt tabatud naise. Nad esitasid Ta läbi katsumiseks küsimuse.

"Mooses on Seaduses käskinud niisugused kividega surnuks visata. Mida nüüd sina ütled?" (5. salm). Kujutage seda olukorda lihtsalt ette. Abielu rikkunud naine pidi kõigi ees avalikuks tulnud patu ja surmahirmu tõttu häbist värisema.

Kurjade kavatsustega kirjatargad ja variserid ei jälginud hirmu täis naist hoolimalt. Nad olid pigem uhked, et neile avanes võimalus Jeesus kavalusega lõksu meelitada. Mõned pealtvaatajad olid juba tõenäoliselt naise üle Seaduse alusel kohtumõistmiseks kivid üles korjanud.

Mida tegi Jeesus! Ta kummardus vaikselt ja kirjutas sõrmega maa peale. Ta kirjutas sealolijate tavaliste pattude nimed maha. Siis Ta tõusis ja ütles: *"Kes teie seast ei ole pattu teinud, visaku teda esimesena kiviga"* (7. salm).

Juutidele meenusid nende patud ja nad tundsid häbi ning lahkusid ühekaupa kohapealt. Lõpuks jäid alles vaid Jeesus ja naine. Jeesus andestas talle ja ütles: *"Ega minagi mõista sind surma. Mine, ja nüüdsest peale ära enam tee pattu!"* (11. salm). Tõenäoliselt ei suutnud naine seda oma ülejäänud elu jooksul unustada. Ta ei suutnud tõenäoliselt enam rohkem pattu teha.

Samamoodi võib halastust erineval kujul näha olla ja seda võib liigitada andestuse, karistuse ja pääsemise halastuseks.

Piiramatu pääsemise halastus

Jeesuse Kristuse Päästjaks vastu võtnud on juba Jumala suure halastuse osalisteks saanud. Jumala halastuseta ei jää meil üle muud kui minna oma pattude tõttu põrgusse ja igavesti kannatada.

Aga Jeesus valas inimkonna pattudest lunastamiseks ristil oma vere ja kui me seda usume, võime me hinda maksmata andeks saada ja pääseda: see on Jumala halastus.

Isegi nüüd ootab Jumal murelikult närviliselt kodunt lahkunud lapsi ootavate vanemate südamega arvukate hingede esiletulekut pääsemise teel.

Samuti, isegi kui keegi teeb Jumala tunnetele väga palju haiget ja lihtsalt parandab tõelise südamega meelt ja naaseb, ei noomi Jumal teda ega ütle: „Miks sa valmistasid mulle nii suurt pettumust? Miks sa nii palju pattu tegid?" Jumal lihtsalt aktsepteerib teda oma armastusega.

„Tulge nüüd ja seletagem isekeskis, ütleb Isand. Kuigi teie patud on helepunased, saavad need lumivalgeks; kuigi need on purpurpunased, saavad need villa sarnaseks" (Jesaja 1:18).

Nii kaugel kui ida on läänest, nii kaugele viib Ta meist meie üleastumised (Laul 103:12).

Kui keegi, kes on varem midagi valesti teinud, on meelt

parandanud ja juba pöördunud, ei mäleta halastajad tema minevikus tehtud vigu ega mõtle: „Ta tegi varem juba nii suurt ülekohut." Nad ei hoidu temast eemal ega hakka teda põlgama, vaid üksnes andestavad talle. Nad julgustavad teda, et tal paremini läheks.

Tähendamissõna sulasest, kellele andestati kümne tuhande talendi suurune võlg

Ühel päeval küsis Peetrus Jeesuselt andestuse kohta selgitust. *„Isand, kui mitu korda minu vend võib minu vastu patustada ja mul tuleb talle andeks anda? Kas aitab seitsmest korrast?"* (Matteuse 18:21). Peetrus arvas, et seitse korda andestamine oli väga suuremeelne. Jeesus vastas: *„Ma ei ütle sulle seitse korda, vaid kas või seitsekümmend seitse korda"* (Matteuse 18:22).

See ei tähenda, et me peaksime seitsekümmend seitse korda ehk nimelt 490 korda andestama. Seitse on täiuse arv. „Seitsekümmend korda seitse" tähendab, et me peame piiramatult ja täielikult andeks andma. Siis õpetas Jeesus tähendamissõna abil andestuse halastusest.

Kuningal oli palju sulaseid. Üks sulane võlgnes kuningale kümme tuhat talenti, aga ei suutnud seda tasuda. Üks talent oli sel ajal 6000 teenarit. See võrdus 6000 päevapalgaga. See on umbes tavalise töö eest kuueteistkümne aastaga saadav palk.

Oletame, et tavalise töö eest saadav päevapalk on 50000

vonni või umbes 50 USA dollarit. Siis on talent võrdne 300000000 vonni või umbes 300000 USA dollariga. Kümme tuhat talenti moodustab siis 3 triljonit vonni ehk 3 biljonit USA dollarit. Kust saaks sulane nii palju raha?

Kuningas käskis tal oma naine, lapsed ja kogu vara tagasi maksmiseks maha müüa. Sulane heitis end maha ja anus kuningat, öeldes: *„Ole minuga pikameelne ja ma maksan sulle kõik!"* (26. salm). Kuningas tundis sulasele kaasa ja lasi ta vabaks ning andestas talle ta võla.

Sulane, kes oli nii suure võlasumma andeks saanud, kohtus talle 100 teenarit võlgneva kaassulasega. Teenar oli Rooma keisririigis kasutusel olnud hõberaha ja see oli tavalise päevatöö palk. Kui oletada, et päevatöö palk oli 50000 vonni, oli tolle orja koguvõlg vaid umbes 5 miljonit vonni või umbes 5000 USA dollarit. See on tõeliselt väike summa, võrreldes kümne tuhande talendiga.

Aga võla andeks saanud sulane võttis ta kinni ja hakkas teda kägistama, öeldes: „Tasu oma võlg." Isegi kui mees palus halastust, lasi teine ta vangi panna.

Kui kuningas sai seda teada, vihastus ta ja ütles: *„Sa tige sulane! Ma kustutasin kogu sinu võla, sest sa palusid mind. Eks siis sinagi oleksid pidanud halastama oma kaassulase peale, nõnda nagu mina sinu peale halastasin!"* ning ta andis ta piinajate kätte (Matteuse 18:32-33).

Meiega on samamoodi. Me olime pattude tõttu määratud

surma teed mööda minema, aga saime oma pattudele tasuta andestuse lihtsalt Jeesuse Kristuse armastusest. Aga kui me teiste väikeseid vigu ei andesta ja mõistame neid hukka, on see väga kuri!

Olgu teil avar süda, mis andestab teistele

Isegi kui me võime teiste tõttu kaotust kannatada, ei peaks me neid põlgama ega vältima, vaid mõistma ja aktsepteerima. Niimoodi saame me avara südame, mis mahutab paljusid.

Kui meil on halastus, ei vihka me kedagi ega tunne kellegi vastu vimma. Isegi kui teine inimene teeb midagi, mis on Jumala silmis vale, peaksime me tema karistamise asemel suutma talle armastusega nõu anda.

Samuti, kui mõned inimesed annavad teistele nõu, tunnevad nad end teiste tegude suhtes ebamugavalt ja teevad nende tunnetele nõu andmise käigus haiget. Ja nad ei peaks arvama, et nad annavad nõu armastusega. Isegi kui nad tsiteerivad tõesõna, kui nad ei tee seda armastusega, ei saa nad Püha Vaimu tegusid vastu võtta. Ja seega nad ei saa teiste südant muuta.

Isegi kui juhid teevad alluvatele midagi valesti, öeldakse 1. Peetruse 2:18: *„Orjad, alistuge täie aukartusega peremeestele, mitte üksnes headele ja leebetele, vaid ka tujukatele."* Seega me peame alandlikult kuuletuma ja neid järgima ning nende eest armastusega palvetama.

Samuti, kui alluvad teevad juhtidele midagi valesti, ei tohiks juhid neid lihtsalt kohe noomida ega neid lihtsalt maha jätta, et sel hetkel mitte rahu rikkuda. Nad peaksid suutma Sõna õpetada, et lasta neil asjadest õieti aru saada. Ka see on teatud liiki halastus.

Kui juhid hoolivad oma alluvate eest armastuse ja halastusega ja juhatavad neid headusega, võivad nad ausameelselt seista. Samuti on juhtidel tasutunne, kuna nad täitsid neile usaldatud inimeste juhatamise ja juhtimise ülesannet.

Hoolimata sellest, missugusesse olukorda ma ka ei sattuks, me peaksime teiste seisukohti mõistma. Me peame nende eest palvetama ja neid nõustama armastusega, millega me võime ka oma elu anda. Kui meil on niisugune armastus, tuleb meil isegi vajadusel vale teed mööda minejaid tõe sisse juhatamiseks karistada.

Halastus, mis peitub armastusega karistamises

Kui andestuses peitub halastus, peitub halastus ka karistuses. See juhtub siis kui halastus ilmneb mingis olukorrale vastava karistuse liigis. Niisugust halastavat karistust ei tehta vihkamise ega hukkamõistu tõttu. See tuleneb armastusest.

> *Sest keda Isand armastab, seda Ta karistab, Ta piitsutab iga poega, kelle Ta vastu võtab. Kannatused on teile kasvatuseks: Jumal kohtleb teid nagu poegi,*

sest mis poeg see on, keda isa ei kasvata? Kui te olete ilma kasvatuseta, mille osaliseks on saanud kõik, siis tähendab see, et te olete sohilapsed ja mitte pojad (Heebrealastele 12:6-8).

Jumal armastab oma lapsi ja sellepärast lubatakse nende ellu vahel karistusi. Niimoodi aitab Jumal neid pattudest pöörduda ja tõe alusel tegutseda.

Oletame, et te lapsed on midagi varastanud. Lihtsalt seetõttu, et lapsi korrigeeritakse armastusest, pole tõenäoliselt palju vanemaid, kes peksaksid oma lapsi esimese süüteo eest piitsaga. Kui lapsed parandavad pisarais ja kogu südamest meelt, embavad vanemad neid tõenäoliselt soojalt ja ütlevad neile: „Ma andestan sulle seekord. Ära tee enam kunagi niimoodi."

Aga kui lapsed ütlevad, et neil on kahju ja nad ei tee enam niimoodi, aga tegelikult teevad sama asja uuesti, mida vanemad siis tegema peaksid?

Nad peaksid andma endist parima, et neile nõu anda. Kui nad ei kuula, peavad vanemad piitsa kasutama ja neid samuti lööma, et see neile sügavale südamesse meelde jääks, kuigi see võib vanematele südamevalu valmistada. Kuna vanemad armastavad oma lapsi, karistavad nad neid, et lapsed võiksid tagasi pöörduda enne kui nad sattuvad tõesti valele teele.

Kui lapsed teevad pattu

Kohtus seisev varas palus, et võimud lubaksid tal enne kohtuprotsessi emaga kohtuda. Kui ta kohtus emaga, karjus ta valjuhäälselt ja ütles, et see oli ema süü, et temast varas sai. Ta ütles, et temast sai varas, sest ema ei karistanud teda kui ta lapsepõlves midagi esimest korda varastas.

Kui küsida, miks vanemad lapsi ei karista kui lapsed midagi valesti teevad, vastab suurem osa vanematest, et nad ei karista lapsi armastusest nende vastu. Aga Õpetussõnades 13:24 öeldakse: *„Kes vitsa ei tarvita, vihkab oma poega, aga kes teda armastab, karistab teda aegsasti."*

Kui me mõtleme lihtsalt oma laste peale ja ütleme siis: „Oh, mu kullake", siis näivad isegi laste valed teod armsad. Niisuguse lihaliku armastuse tõttu ei erista paljud õiget ega valet ja teevad valeotsuseid.

Samuti, isegi kui lapsed käituvad pidevalt kohatult, ei kutsu vanemad neid korrale, vaid lihtsalt aktsepteerivad laste käitumist. Siis muutub laste käitumine üha rohkem vales suunas ja lapsed sattuvad eksiteele.

Näiteks, 1. Saamueli raamatu 2. peatükis võib näha, kuidas preester Eeli kaks poega Hofni ja Piinehas magavad naistega, kes teenisid kogunemistelgi uksel. Aga Eeli ütles neile lihtsalt: *„Ei, mitte nõnda, mu pojad! Ei ole head need kuuldused, mida ma kuulen Isanda rahvast levitavat"* (24. salm). Kaks poega tegid edasi pattu ja surid armetult.

Kui preester Eeli oleks neid rangelt noominud ja vahel nendega vajadusel tõrelenud, et nad preestritena õieti teeksid, poleks nad vale teed mööda nii kaugele läinud. Nad jõudsid kohta, kust nad ei saanud naaseda, kuna isa ei kasvatanud neid kohasel õigel viisil.

Aga isegi samasuguse karistuse korral, kui selles pole armastust, siis ei saa seda halastuseks kutsuda. Oletame, et ühe teie naabri laps varastas teilt midagi. Mida te siis teete?

Headusega inimesed halastavad tema peale ja andestavad talle kui laps palub südamest andeks. Aga need, kellel pole headust, vihastuvad lapse peale ja riidlevad temaga ka siis kui ta andeks palub ja nõuavad ikkagi, et teda karistataks. Või nad võivad selle avalikuks teha ja seda paljudele levitada või seda kaua meeles pidada ja lapse suhtes eelarvamuslikuks muutuda.

Niisugune karistus tuleb vihkamisest ja seega pole tegu halastusega. See ei suuda teist inimest muuta. Kui me karistame, peame me karistama armastusest, pidades teise inimese vaatenurka ja tulevikku silmas, et tegu oleks halastusest karistamisega.

Kui usuvennad teevad pattu

Kui usuvend teeb pattu, räägitakse Piiblis üksikasjalikult, kuidas temaga tegeleda.

Aga kui su vend peaks patustama, siis mine, noomi teda nelja silma all! Kui ta sind kuulab, siis oled sa oma venna tagasi võitnud. Kui ta sind aga ei kuula, siis võta enesega veel üks või kaks, sest kahe või kolme tunnistaja suu läbi on kindel iga asi. Aga kui ta on neile sõnakuulmatu, siis ütle kogudusele! Aga kui ta isegi koguduse sõna ei kuula, siis olgu ta sulle nagu pagan ja tölner! (Matteuse 18:15-17).

Kui me näeme usuvenda pattu tegemas, ei peaks me seda teistele levitama. Esiteks tuleb meil temaga isiklikult rääkida, et ta võiks pöörduda. Kui ta ei kuula, peaksime me tema rühmas kõrgemal olevate isikutega rääkima, et ta võiks pöörduda.

Kui ta ikka ei kuula, tuleb meil rääkida koguduse juhtidega, et teda pääsemise teele juhatada. Kui ta koguduse juhte ikka ei kuula, siis öeldakse Piiblis, et me suhtuksime temasse nagu uskmatusse. Me ei peaks isegi tõsist pattu tegeva inimese üle kohut mõistma ega teda taunima. Ainult siis kui me näitame üles armastust ja halastust, võime meiegi saada Jumala halastust.

Halastus heategudes

Jumalalaste jaoks on ilmne hoolitseda puudustkannatavate inimeste eest ja nende peale halastada. Kui usuvennad kannatavad ja me ütleme lihtsalt, et meil on kahju, aga me ei näita tegusid üles, siis ei saa öelda, et meil oleks halastust. Halastus heategudes tähendab Jumala silmis puudustkannatavate vendadega olemasoleva jagamist.

Jakoobuse 2:15-16 öeldakse: *"Kui mõni vend või õde oleks alasti ja neil oleks puudu igapäevasest toidusest ning keegi teist ütleks neile: "Minge rahuga! Soojendage end ja sööge kõhud täis!", aga te ei annaks neile ihu jaoks hädavajalikku – mis oleks sellest kasu?"*

Mõned võivad öelda: "Ma tahan tõesti aidata, aga mul pole nende aitamiseks midagi anda." Aga missugused vanemad vaataksid lihtsalt pealt kui nende lapsed on näljas, lihtsalt kuna neil on rahalised raskused? Samamoodi, me peaksime vendade suhtes suutma tegutseda samamoodi nagu oma laste suhtes.

Need, keda pattude eest karistatakse

Kui me oleme halastajad ja aitame puudustkannatavaid inimesi, tuleb meil meeles pidada, et me ei peaks aitama neid, kes on raskustes Jumala vastu tehtud pattude tõttu. See tekitaks meile probleeme.

Kuningas Jeroboami valitsusajal oli Iisraeli kuningriigis prohvet Joona. Joona raamatus on näha, kuidas inimesed sattusid Jumalale sõnakuulmatu prohvet Joonaga raskesse olukorda.

Ühel päeval käskis Jumal Joonal minna Niinive linna, mis oli Iisraelile vaenuliku maa pealinn ja kuulutada Jumala hoiatust, et Niinive linn oli täis pattu ja Jumal hävitab ta.

Joona teadis, et kui Niinive linnaelanikud Jumala hoiatust kuuldes meelt parandasid, võisid nad hävingust pääseda. Ta tundis piiramatu halastusega ja armastus ise oleva Jumala südant. Siis sarnanes see otsekui Iisraelile vaenuliku Assüüria aitamisega. Seega, Joona oli Jumalale sõnakuulmatu ja läks vastasuunas mineva laeva peale, mis läks Tarsisesse.

Jumal saatis siis suure tormi ja laeval olijad viskasid kogu oma vara üle parda ja kannatasid suurt kahju. Lõpuks said nad teada, et juhtunu taga oli Jumalale sõnakuulmatu Joona. Nad teadsid, et torm peatuks kui nad Joona merre viskaksid nii nagu Joona neid teha käskis, aga nad ei suutnud seda kaastundest teha. Nad pidid temaga koos kannatama, kuni nad heitsid ta üle parda.

Seda näidet õppetunnina võttes, me peame targad olema kui me halastust üles näitame. Me peame aru saama, et kui me aitame neid, kes on Jumala karistuse tõttu raskustes, sattume me samasugustesse raskustesse.

Samuti ei ole õige teistsugusel juhul – kui keegi on terve, aga ei tööta lihtsalt laiskusest, niisugust inimest aidata. Sama kehtib nende kohta, kellel on komme teiste käest abi paluda, kuigi nad suudavad ka ise töötada.

Neid inimesi aidates teeme me nad veelgi laisemaks ja suutmatumaks. Kui me näitame üles halastust, mis ei ole Jumala silmis õige, tõkestab see meie õnnistused.

Me ei peaks seega lihtsalt tingimusteta iga raskustes olijat aitama. Me peaksime iga olukorda eristama, et me ise ei sattuks pärast teiste aitamist raskustesse.

Uskmatute peale halastamine

Siin on tähtis see, et me näitaksime halastust üles mitte vaid usuvendade, aga ka uskmatute vastu.

Paljud tahavad omale sõpradeks rikkaid ja kuulsaid inimesi, aga nad kohtlevad halvakspanuga neid, kellel pole elus hästi läinud ja ei taha nendega lähedased olla. Endise sõpruse nimel võivad nad taolisi inimesi paaril korral aidata, aga see ei jätku. Ent me ei peaks kellessegi üleolevalt ega halvustavalt suhtuma. Me peame teisi endast paremaks pidama ja igaüht armastusega kohtlema.

Mõnel on tõesti halastav süda, mis hoolib teiste raskustest. On inimesi, kes aitavad teisi tõrksalt, kuna teised inimesed näevad neid pealt. Jumal vaatab inimese südamesse. Ta ütleb, et halastus tähendab tõelise armastusega aitamist ja Ta õnnistab neid, kes tõelist halastust välja näitavad.

Halastajate õnnistused

Missugused Jumala õnnistused antakse halastajatele? Matteuse 5:7 öeldakse: *„Õndsad on halastajad, sest nende peale halastatakse."*

Kui me andestame ja halastame isegi neile, kes me elu raskeks teevad ja tekitavad meile kahju, halastab Jumal meile ja annab meile andekssaamise võimalusi ka siis kui meie eksikombel teistele kahju tekitame.

Meie Isa palves öeldakse: *„Ja anna meile andeks meie võlad, nagu meiegi andeks anname oma võlglastele!"* (Matteuse 6:12). Me avame tee Jumala halastuseks, halastades teistele.

Algkoguduses oli Tabiita nimeline jünger (Apostlite teod 9:36-42). Jeruusalemma usklikud levisid tugeva tagakiusu tõttu paljudesse kohtadesse. Mõned nende seast asusid elama Joppa nimelisse sadamalinna. Sellest linnast sai üks kristlaste keskusi, kus elas Tabiita. Ta aitas vaeseid ja abivajajaid. Aga ühel päeval ta haigestus ja suri.

Temalt abi saanud saatsid inimesed Peetruse juurde palvega ta ellu äratada. Nad näitasid kõiki tuunikaid ja riideid, mida ta valmistas nendega olemise ajal ja rääkisid kõigest heast, mida ta oli teinud.

Lõpuks koges ta Jumala hämmastavat tegu kui ta Peetruse palve peale ellu ärkas. Ta sai Jumala halastusest elu pikenemise õnnistuse.

Jumal annab meile ka tervise ja rikkuse õnnistuse kui me halastame vaestele ja haigetele.

Ma pidin nooruses lõpmatuna näiva vaesuse ja haiguste tõttu raskeid aegu läbi elama. Aga sel ajal hakkasin ma aru saama raskustes olevate inimeste südamest.

Ma olen elanud ilma igasuguse haiguseta enam kui kolmkümmend aastat sellest ajast saadik kui ma sain Jumala väe abil igast haigusest terveks. Aga ma ei või kaotada armastavat poolehoidu, mida ma tunnen nende vastu, kes on haiged ja vaesed ja hooletusse jäetute ja hüljatute vastu.

Seega ma tahtsin aidata enne koguduse avamist ja ka pärast seda puudustkannatajaid. Ma ei mõtelnud: „Ma aitan neid siis kui ma rikkaks saan." Ma lihtsalt aitasin teisi kas suurte või väikeste summadega.

Jumalal oli sellest teost hea meel ja Ta õnnistas mind nii palju, et ma võin Jumalale rohkelt anda maailmamisjoni tööks ja jumalariigi teoks tegemiseks. Kui ma külvasin teistele halastuse seemne, lasi Jumal mul külluslikult lõigata.

Kui me halastame teistele, andestab Jumal meile ka meie üleastumised. Ta täidab meid nii, et meil pole millestki puudust ja muudab me nõrkuse terviseks. Jumal halastab meie peale niimoodi kui meie halastame teistele.

Johannese 13:34 öeldakse: *„Ma annan teile uue käsu: armastage üksteist! Nõnda nagu mina teid olen armastanud, armastage teiegi üksteist!"* Nii nagu öeldud, jagagem paljudele halastuselõhnalist tröösti ja elu ja siis on meil Jumala õnnistustega rikkalik elu.

6. peatükk
Kuues õnnistus

Õndsad on puhtad südamelt, sest nemad näevad Jumalat

Matteuse 5:8

*„Õndsad on puhtad südamelt,
sest nemad näevad Jumalat."*

„Esimene asi, mida ma tundsin kuule maandudes, oli Jumala looming ja Jumala auline ligiolu."

Toda kuulutas James Irwin, kes läks 1971. aastal Apollo 15 kosmoselaevaga kuu peale. See oli väga kuulus tsitaat ja puudutas paljusid kogu maailmas. Kui ta pidas Ungaris loengut, esitas üks üliõpilane talle küsimuse.

„Ükski Nõukogude Liidu kosmonautidest ei öelnud, et nad oleksid maailmaruumis Jumalat näinud, aga miks sa ütled, et sa nägid maailmaruumis Jumalat ja kiitsid Tema au?"

Irwini vastus oli kõigile nii selge, et see oli vaieldamatu. „Südamelt puhtad näevad Jumalat!" Ta viibis kuu peal 18 tundi ja öeldakse, et ta tsiteeris Jumala loodud maad ja maailmaruumi nähes 8. laulu.

„Isand, meie Jumal,
kui auline on Sinu nimi kogu maailmas!
Sinu aukuulsus ulatub üle taevaste.
Kui ma näen Su taevast,
Su sõrmede tööd,
kuud ja tähti,
mis sa oled rajanud....
Isand, meie Jumal,
kui auline on Sinu nimi kogu maailmas!"

Südame poolest puhtad Jumala ees

Merriam-Websteri veebisõnastikus (The Merriam-Webster Online Dictionary) määratletakse „puhast" kui „muu ainega segamatut või tolmust, mustusest või muust saasteainest vaba." Piiblis tähendab see, et me peame tegutsema pühalt mitte vaid välispidiselt – teadmiste ja hariduse baasilt, vaid meil peab olema ka püha ja pühitsetud süda.

Matteuse 15. peatükis kui Jeesus teenis Galileas, tulid kirjatundjad ja variserid Jeruusalemmast.

Kirjatundjad ja variserid õpetasid inimestele professionaalselt Seadust ja nad pidasid Seadusest väga rangelt kinni. Nad pidasid ka vanemate pärimusi, mis olid üksikasjalikud Seadusest kinnipidamise korraldused. Neid pärimusi pärandati sugupõlvede jooksul edasi.

Kuna nad kasutasid palju enesevalitsust ja elasid askeetlikku elu, pidasid nad end pühaks. Aga nende südamed olid täis kurjust. Kui Jeesuse jutt neid solvas, püüdsid nad Teda tappa.

Ühes kirjatundjate ja variseride tehtud vanemate pärimuses öeldi, et pesemata kätega ei olnud puhas süüa.

Ja nad nägid, kuidas Jeesuse jüngrid sõid pesemata kätega ja esitasid Jeesusele vastuväiteks küsimuse.

Nad küsisid Jeesuselt: *„Miks Sinu jüngrid astuvad üle esivanemate pärimusest? Nad ei pese oma käsi, kui hakkavad leiba võtma"* (2. salm). Siis ütles Jeesus: *„Inimest ei rüveta see, mis ta suust sisse läheb, vaid see, mis suust välja tuleb,* *rüvetab inimest"* (11. salm).

Aga mis suust välja tuleb, lähtub südamest ja see rüvetab inimest, sest südamest lähtub kurje mõtteid, mõrvamist, abielurikkumist, hooramist, vargust, valetunnistust, pühaduseteotust. Need on, mis inimest rüvetavad, aga pesemata kätega söömine ei rüveta inimest (Matteuse 15:18-20).

Jeesus noomis neid samuti, kutsudes neid lubjatud haudadeks (Matteuse 23:27). Iisraelis kasutati tavaliselt koobast hauana. Tavaliselt värviti haua sissepääs lubjaga valgeks.

Aga haud on koht, kuhu pannakse surnukeha ja hoolimata sellest kui palju seda ka kaunistada, on selle sisemus ikkagi täis kõdunemist ja lehka. Jeesus võrdles kirjatundjaid ja varisere valgeks võõbatud haudadega, sest nad tegutsesid väliselt pühalt, aga olid oma südames täis erinevat kurjust ja pattusid.

Jumal tahab, et me poleks ilusad vaid välispidiselt, aga ka südamelt. Sellepärast Ta ütles: *„Sest see pole nii, nagu inimene näeb: inimene näeb, mis on silma ees, aga Isand näeb, mis on südames"* (1. Saamueli raamat 16:7) kui Ta võidis karjase Taaveti Iisraeli kuningaks.

Kui puhas on minu süda?

Kui me kuulutame evangeeliumi, ütlevad mõned inimesed:

„Ma ei teinud kellelegi kahju ja elasin hästi, seega ma saan taevasse minna." Nad peavad silmas, et nad võivad minna taevasse isegi siis kui nad ei usu Jeesust Kristust, kuna neil on hea süda ja nad ei tee pattu.

Aga Roomlastele 3:10 öeldakse: *„Ei ole õiget, ei ühtainsatki."* Hoolimata sellest, kui õigeks või heaks keegi end ka ei peaks, ta saab Jumala tõesõna üle mõtiskledes aru, et temas on väga palju kurjust ja pattu. Aga mõned ütlevad, et neis pole pattu, kuna nad pole kellelegi kahju teinud ega seadust rikkunud.

Näiteks, isegi kui nad vihkavad kedagi, arvavad nad, et on patuta, kuna nad ei teinud sellele inimesele füüsilist kahju. Aga Jumal ütleb, et südames kurja mõtlemine on samamoodi patt.

Ta ütleb 1. Johannese 3:15: *„Igaüks, kes vihkab oma venda, on mõrvar, ja te teate, et ühelgi mõrvaril ei ole igavest elu, mis temasse jääks"* ja Matteuse 5:28: *„Aga mina ütlen teile: Igaüks, kes naise peale vaatab teda himustades, on oma südames temaga juba abielu rikkunud."*

Isegi kui seda tegudes pole näha – kui inimese sees on vihkamine, abielurikkuja meel, isekad soovid, kõrkus, valskus, armukadedus ja viha, pole ta süda puhas. Südame poolest puhtad inimesed ei huvitu tähendusetutest asjadest, vaid järgivad muutumatu südamega rangelt ainult ühte teed.

Puhta südamega naise Ruti teed

Rutt oli paganast naine, kes lesestus noorelt ja oli lastetu. Ta ei jätnud oma ämma, vaid jäi temaga ka halbadel aegadel. Ämmal ei olnud kellegi peale toetuda, aga Ruti pärast ütles ta, et Rutt läheks oma pere juurde tagasi. Aga Rutt ei jätnud oma ämma üksinda.

> *Kuid Rutt vastas: „Ära käi mulle peale, et ma sind maha jätaksin ja pöörduksin tagasi su juurest, sest kuhu sina lähed, sinna lähen ka mina, ja kuhu sina jääd, sinna jään minagi! Sinu rahvas on minu rahvas ja sinu Jumal on minu Jumal. Kus sina sured, seal tahan ka mina surra ja sinna maetagu mindki! Isand tehku minuga ükskõik mida, ainult surm lahutagu mind ja sind!"* (Rutt 1:16-17).

Selles Ruti tunnistuses peitub tema tugev tahe ja armastus, mis on kogu ta eluga ämma teenistuses. Tema ämma kodulinn oli Iisraelis, mis oli Ruti jaoks tundmatu koht. Neil polnud seal maja ega midagi.

Aga ta ei mõelnud nende olude peale, vaid otsustas üksnes oma üksikut ämma teenida. Rutt ei kahetsenud kunagi oma otsust ja teenis lihtsalt oma ämma muutumatu südamega.

Kuna Rutil oli nii puhas süda, võis ta end rõõmuga ohverdada ja ta teenis oma ämma muutumatu meelega. Selle tulemusena kohtus ta rikka mehe Boasega, kes oli samuti Iisraeli kommete kohaselt hea inimene ja nende pere oli õnnelik. Rutist sai kuningas Taaveti vanavanaema ja tema nimi pandi isegi Jeesuse sugupuusse kirja.

Puhta südamega inimeste õnnistused

Missugused õnnistused saavad puhta südamega inimesed? Matteuse 5:8 öeldakse: *"Õndsad on puhtad südamelt, sest nemad näevad Jumalat."*

Alati on rõõmustav olla meile lähedaste inimestega. Jumal on meie vaimu Isa ja Ta armastab meid rohkem kui me ise end armastame. Kui me võiksime Teda palest palgesse näha ja Tema kõrval olla, ei saaks me õnne mitte millegagi võrrelda.

Mõned võivad küsida: "Kuidas võib inimene Jumalat näha?" Kohtumõistjate raamatus 13:22 öeldakse: *"Ja Maanoah ütles oma naisele: Me peame surema, sest me oleme näinud Jumalat!"*

Johannese 1:18 öeldakse: *"Keegi ei ole iialgi näinud Jumalat."* Paljudes kohtades Piiblis võib leida, et inimestel pole ette nähtud Jumalat näha ja kui nad Teda näeksid, nad sureksid.

Aga 2. Moosese raamatus 33:11 öeldakse: *"Ja Isand kõneles Moosesega palgest palgesse, nagu räägiks mees oma sõbraga."* Kui iisraellased jõudsid väljarände ajal Siinai mäe juurde, tuli Jumal alla ja nad ei saanud mäele läheneda, kuna nad tundsid surmahirmu, aga Mooses võis Jumalat näha (2. Moosese raamat 20:18-19).

Lisaks räägitakse 1. Moosese raamatus 5:21-24, et Eenok käis Jumalaga.

Kui Eenok oli elanud kuuskümmend viis aastat, siis sündis temale Metuusala. Ja Eenok kõndis pärast

Metuusala sündimist koos Jumalaga kolmsada aastat, ja temale sündis poegi ja tütreid. Nõnda oli kõiki Eenoki elupäevi kolmsada kuuskümmend viis aastat. Eenok kõndis koos Jumalaga, ja siis ei olnud teda enam, sest Jumal võttis tema ära.

Jumalaga käimine ei tähenda, et Jumal ise oleks maa peale tulnud ja Eenokiga käinud. See tähendab, et Eenok suhtles alati Jumalaga ja Jumal valitses kogu Eenoki elu.

Üks asi, mida me peame siin teadma, on see, et „koos käimine" ja „koos olemine" on kaks täiesti eri asja. „Jumal meiega" tähendab, et Ta hoiab meid oma inglitega.

Kui me püüame Sõna alusel elada, kaitseb Jumal meid, aga Ta võib meiega käia ainult pärast seda kui me saame täiesti pühitsetud. Seega me võime näha sellest, et Eenok käis Jumalaga kolmsada aastat, kui palju Jumal teda armastas.

Jumala nägemise õnnistus

Mis põhjusel siis mõned inimesed ei saa Jumalat näha, aga teised näevad Teda palgest palgesse ja isegi käivad Temaga?

3. Johannese 1:11 öeldakse: *„Armas, ära võta eeskujuks paha, vaid head! Kes teeb head, on Jumalast, kes teeb paha, ei ole Jumalat näinud."* Nii nagu öeldud, südamelt puhtad võivad Jumalat näha, aga need, kelle südamed on kurjuse tõttu ebapuhtad, ei saa Jumalat näha.

Seda võib näha algkoguduse ajal evangeeliumi kuulutanud Stefanose märtriks saamisest. Apostlite tegude 7. peatükis võib näha, et Stefanos kuulutas Jeesuse Kristuse evangeeliumi ja palvetas isegi teda kividega pildujate eest. See tähendab, et ta oli niivõrd puhas ja ta südames polnud pattu. Sellepärast võis ta Jumala paremal käel seisvat Isandat näha.

Need, kes Jumalat näevad, on puhta südamega ja saavad minna kolmanda taevariigi parematesse eluasemetesse või kõrgemale. Nad võivad Isandat ja Jumalat lähedalt näha ja igavesti õnne tunda.

Aga need, kes lähevad esimesse või teise taevariiki, ei saa neist paistva vaimse valguse tõttu Isandat lähedalt ja siis kui nad tahavad näha ja nende eluasemed erinevad vastavalt nende pühitsuse tasemele.

Kuidas südamelt puhtaks saada

Püha ja täiuslik Jumal tahab, et me poleks täiuslikud ja puhtad vaid tegude poolest, aga ka südamelt, saades vabaks südamepõhjas olevatest pattudest. Sellepärast Ta ütleb: *„Olge pühad"* (1. Peetruse 1:16) ja *„Jah, see on Jumala tahtmine: teie pühitsus, et te hoiduksite hooruse eest"* (1. Tessalooniklastele 4:3).

Mida meil tuleb nüüd teha, et meil oleks puhas süda, mida Jumal meilt nõuab ja et me saavutaksime sisima pühaduse?

Need, kel oli vihastumise harjumus, peavad vihast vabanema ja tasaseks saama. Need, kes olid kõrgid, peavad kõrkusest vabanema ja alanduma. Need, kes vihkasid teisi, peavad muutuma ja olema suutelised isegi oma vaenlasi armastama. Lihtsalt öeldes, meil tuleb vabaneda igasugusest kurjusest ja patu vastu võideldes vereni vastu panna (Heebrealastele 12:4).

Meil võib olla puhas süda võrdväärselt oma südames kurjusest vabanemise, Jumala Sõna kuulamise ja ellurakendamise ning tõega täitumise määraga. See on mõttetu kui me lihtsalt kuuleme Sõna, aga ei tee selle kohaselt. Oletame, et riided on mustad ja me ütleme vaid: „Oh, need vajavad pesu", aga lihtsalt jätame need sinnapaika.

Seega, kui me mõistame Jumala Sõna kuulates oma südames olevat mustust, tuleb meil püüda sellest vabaneda. Muidugi ei saa südamepuhtust vaid inimliku rammu ja tahtejõuga. Me võime sellest aru saada apostel Pauluse tunnistuse kaudu.

Sisemise inimese poolest ma rõõmustan Jumala Seaduse üle, oma liikmetes näen aga teist seadust, mis sõdib vastu minu mõistuse seadusele ja aheldab mind patu seadusega, mis on mu liikmetes. Oh mind õnnetut inimest! Kes ostab mu lahti sellest surma ihust? (Roomlastele 7:22-24).

Siin tähistab „sisemine inimene" Jumalalt saadud algset südant, mis on tõene süda ja rõõmustab Jumala Seadusest ja Jumala palge otsimisest. Teisalt, on olemas ka ebatõene süda, mis soovib pattu teha, seega me ei saa pattudest vaid oma pingutuse kaudu vabaks.

Näiteks, me näeme seda inimestes, kes ei suuda lihtsalt joomist ja suitsetamist jätta. Nad teavad, et suitsetamine ja liigjoomine on kahjulikud, aga nad ei suuda sellest loobuda. Nad annavad uue aasta lubadusi ja püüavad loobuda, aga ei suuda seda teha.

Nad teavad, et see on kahjulik, aga ei suuda loobuda, kuna see tegelikult meeldib neile. Aga kui nad saavad Jumala käest ülevalt jõu, suudavad nad otsekohe loobuda.

Meie südames olevate pattude ja kurjaga on samamoodi. 1. Timoteosele 4:5 öeldakse: *„Sest seda pühitsetakse Jumala Sõna ja palve läbi."* Nii nagu öeldud, kui me mõistame Jumala Sõna abil tõde ja saame tulise palve kaudu Jumala armu, jõu ja Püha Vaimu abi, võime me sellest vabaneda.

Selle tegemiseks on vaja meie jõupingutust ja tahtejõudu, et Jumala Sõna kohaselt elada. Me ei peaks lihtsalt lõpetama pärast paar korda Sõna kohaselt tehes. Kui me palvetame ja paastume vahel, kuni me muutume täielikult, võime me igast patust tõesti vabaneda ja puhta südamega olla.

Südamelt puhtad saavad vastused ja õnnistused

Südamelt puhaste õnnistuseks ei ole vaid Isa Jumala kuju nägemine. See tähendab, et nad võivad saada oma südamesoovidele palve kaudu vastused ja nad võivad oma elus

Jumalaga kohtuda ja Teda kogeda.

Jeremija 29:12-13 öeldakse: *„Siis te hüüate mind appi ja tulete ning palute mind, ja mina kuulen teid. Ja te otsite mind ja leiate minu, kui te nõuate mind kõigest oma südamest."* Nad saavad kogu südamest tehtud palvetele Jumalalt vastused ja seega nende elus on palju tunnistusi.

Kuid vahel me näeme mõningaid vastpöördunuid, kes on Jeesuse Kristuse alles vastu võtnud ja ei ela tões, aga saavad oma palvetele vastused. Nad kohtuvad elava Jumalaga ja kogevad Teda, hoolimata sellest, et nende süda pole täiesti puhas.

See sarnaneb juhtumiga, kus väikelapsed teevad midagi väga meeldivat ja vanemad annavad neile, mida iganes nad soovivad. Isegi kui nad pole täielikult puhast südant saanud, saavad nad erinevatele palvetele vastused võrdväärselt sellega, kui palju nad oma usumõõdu alusel Jumalale meelepärased on.

Pärast Jumalaga kohtumist sain ma igast haigusest terveks ja mu tervis taastus ning ma otsisin tööd. Aga ma ei võtnud vastu ühtegi pakkumist, mis ei lasknud mul töö tõttu hingamispäeva pühitseda, isegi kui mulle pakuti väga häid tingimusi. Ma püüdsin anda parimat, et Jumala ees puhta südamega õiget teed mööda minna.

Jumalal oli sellisest südamest hea meel ja Ta juhtis mind väikest raamatupoodi juhatama. Töö läks hästi ja ma plaanisin suuremasse kohta kolida. Ma kuulsin ühest sobivast kohast.

Kui ma sinna läksin, ei tahtnud poeomanik minuga lepingut allkirjastada, kuna ta äri ei edenenud seetõttu, et mu poel läks hästi. Ma pidin loobuma, aga kui ma asja tema vaatenurgast nägin, tundsin ma talle kaasa ja palvetasin talle kogu südamest õnnistust.

Hiljem sain ma teada, et otse selle poe ees avati suur raamatupood. Ma poleks suutnud tolle suure poega konkureerida. Kõiketeadev Jumal pööras kõik heaks ja takistas lepingu sõlmimist.

Hiljem kolisin ma teise poodi. Ma ei võtnud vastu korratuid üliõpilasi. Minu poes oli suitsetamine ja alkoholi joomine keelatud. Pühapäeviti kui oli kõige rohkem kliente, sulgesin ma poe, et hingamispäeva pidada. Inimlikus mõttes poleks see äri kuidagi edendanud. Aga selle asemel suurenes klientide arv ja müük. Seega pidi igaüks tõdema, et see oli Jumala õnnistus.

Muide, me võime kristlasena elades saada ka teistes keeltes rääkimise anni või muid Püha Vaimu ande. See on osaline „Jumala nägemise" õnnistus.

> *Ühele usku sessamas Vaimus, teisele aga tervendamise armuande ikka samas Vaimus; ühele väge imetegudeks, teisele prohvetlikku kuulutamist, kolmandale võimet eristada vaime; ühele mitmesuguseid võõraid keeli, teisele aga keelte tõlgendamist. Aga kõike seda teeb üks ja sama Vaim, jagades igaühele eriosa, nõnda nagu Tema tahab* (1. Korintlastele 12:9-11).

Meil tuleb meeles pidada, et kui me Jumalat tõesti armastame, ei tohiks me lapseusuga rahulduda. Me peame andma parima, et oma südamest kogu kurjusest vabaneda ja saada kiirelt pühitsetud, et me usk muutuks täiskasvanu omaks ja me mõistaksime Jumala südant.

2. Korintlastele 7:1 öeldakse: *„Armsad, et meil nüüd on niisugused tõotused, siis puhastagem endid ihu ja vaimu kogu rüvedusest, täiustades oma pühadust Jumala kartuses."* Nii nagu öeldud, vabanegem igasugusest südame rüvedusest ja saavutagem oma sisimas pühadus.

Ma loodan, et me võiksime kõiges edukad olla ja saada igale oma palvele vastuse, nii nagu vee äärde istutatud puu ei kuiva, vaid kannab rikkalikku vilja ka põuaajal. Ma loodan ka, et me kõik võiksime Jumalat igaveses taevariigis palgest palgesse näha.

7. peatükk
Seitsmes õnnistus

Õndsad on rahutegijad, sest neid hüütakse Jumala lasteks

Matteuse 5:9

*„Õndsad on rahutegijad,
sest neid hüütakse Jumala lasteks."*

Kui kahel maal on ühine riigipiir, võivad nende vahel olla konfliktid või isegi sõjad, et oma eelist või kasu saada. Aga on kaks maad, millel on ühine riigipiir, aga kus on valitsenud kauaaegne rahu. Need maad on Argentina ja Tšiili.

Nende vahel oli kaua aega tagasi kriisiolukord, mis oleks neile piirikonfliktide tõttu peaaegu sõja põhjustanud. Mõlema maa usujuhid palusid rahvast ja ütlesid, et armastus oli ainus viis, kuidas kahe maa vahel rahu hoida. Inimesed võtsid öeldut kuulda ja otsustasid rahu kasuks. Nad püstitasid posti, millel on piiblisalm Efeslastele 2:14: *"Sest Tema on meie rahu, kes on mõlemad liitnud üheks ja lõhkunud maha vaheseina – see tähendab vaenu – oma ihu kaudu."*

Maadevahelise rahu tagamiseks on vaja nendevahelisi häid suhteid ja isiklikes suhtes peab olema vastastikune südamest tulev kindlustunne. Aga Jumala vaimne rahu on veidi teistsugusena tähendusega. See tähendab enese teiste eest ohverdamist ja nende teenimist. See tähendab alandumist, et teisi üles tõsta. Me ei käitu viisakusetult. Isegi kui meil on õigus, võime me teise inimese arvamustest aru saada ka siis kui need on ebatõesed.

See tähendab igaühe kasu otsimist. See ei tähenda enese arvamuse toonitamist, vaid kõigepealt teiste arvamustega arvestamist. See tähendab teiste arvamustest aru saamist ja erapooletust ning probleemi või antud olukorra mõlemapoolset vastastikust sobivust. Meil tuleb end ohverdada, et olla rahutegija. Seega tähendab rahu vaimses mõttes eneseohverdust, isegi oma elu andmise hinnaga.

Jeesus tegi rahu end ohvriks tuues

Kui Jumal lõi esimese inimese Aadama, oli ta elav vaim. Tal oli meelevald, millega ta valitses kõike. Aga kui temasse tuli keelatud vilja söömisega patt, said nii Aadamast kui ka tema järeltulijaist patused ja inimeste ja Jumala vahele tekkis patumüür.

Nii nagu öeldakse Koloslastele 1:21: *"Ka teid, kes te varem olite Jumalast võõrdunud ja oma mõtlemise poolest Tema vaenlased oma kurjade tegudega"*, inimesed võõrdusid Jumalast pattude tõttu.

Inimesed muutusid Aadama ajast patusteks ja Jumala Poeg Jeesus sai meie lepitusohvriks. Ta suri ristil, et hävitada Jumala ja inimeste vahelist patumüüri ja tõi rahu.

Võib küsida: "Miks ühe inimese Aadama patu tõttu muutus kogu inimkond patuseks?" Kaua aega tagasi olid inimestel orjad. Kui kellestki sai ori, sündisid kõik ta järeltulijad orjadeks.

Roomlastele 6:16 öeldakse: *"Eks te tea, et kelle kuulekusse teie end loovutate orjadeks, kelle sõna te kuulate, selle orjad te olete – olgu patu orjad surmaks või kuulekuse orjad õiguseks!"* Kuna Aadam kuuletus vaenlasele kuradile ja tegi pattu, said kõik tema järeltulijad ka patusteks.

Patuta Jeesus löödi risti selleks, et Jumala ja patuseks muutunud inimkonna vahel rahu teha. Koloslastele 1:20 öeldakse: *"Ja lepitada Tema läbi enesega kõik, niihästi maapealsed kui taevalised, tehes rahu Tema ristivere läbi."* Jeesusest sai meie pattude andekssamise jaoks lepitusohver ja Ta tegi Jumala ja inimeste vahel rahu.

Kas sa oled rahutegija?

Nii nagu Jeesus tuli inimihus maa peale ja sai rahutegijaks, tahab Jumal, et me elaks igaühega rahus. Muidugi kui me usume Jumalat ja õpime tõde tundma, ei riku me tavaliselt tahtlikult rahu. Aga niikaua kui meis on omaõigus, mis peab meid õigeks, võime me teadmatult rahu rikkuda.

Me võime aru saada, kas me oleme niisugused, kui me kontrollime, kas me teeme kõike teistega arvestades või püüavad teised kõiges meiega arvestada. Näiteks oletame, et abikaasade puhul naisele ei meeldi soolane toit, kuna aga mehele meeldib.

Naine ütleb mehele, et soolane toit pole tervislik, aga mehele meeldib ikkagi soolane toit. Seega naine ei mõista teda. Mehe vaatevinklist ei saa mees oma maitset nii lihtsalt muuta.

Kui naine toonitab siin, et mees tema nõuande kohaselt teeks, kuna tal on õigus, võivad tekkida tülid. Seega me peaksime rahu jaoks teistega arvestama ja aitama neil asjadest aru saada, et tasapisi paremuse poole liikuda.

Samamoodi võib ringi vaadates lihtsalt näha, et taolised pisiasjad rikuvad rahu, kuna me mõtleme oma õigusega, et meil on õigus.

Seega me peaksime kontrollima, et me poleks omakasupüüdlikud teiste kasu otsimise asemel või kas me püüame oma arvamusi toonitada, kuna meil on õigus ja me räägime tõde, kuigi me teame, et teine inimene on raskustes. Me peaksime ka kontrollima, kas me tahame, et meie alluvad kuuletuks meile tingimusteta ja järgiks meid lihtsalt seetõttu, et me oleme neist ülemad.

Siis võime me aru saada, kas me oleme tõesti rahutegijad. Üldiselt on lihtne olla rahus nendega, kes on meie vastu kenad. Aga Jumal ütleb, et me oleksime rahujalal kõigi inimestega ja jõuaksime pühitsusele.

> *Taotlege rahu kõikidega ja pühitsust, milleta keegi ei saa näha Isandat* (Heebrealastele 12:14).

Me peaksime suutma pidada rahu isegi nendega, kellele me ei meeldi, kes meid vihkavad ja meile raskusi valmistavad. Isegi kui näib, et meil on täielik õigus, pole see Jumala silmis õige kui teine inimene on raskustes või tunneb meie tõttu ebamugavust. Kuidas me siis võiksime olla rahus kõigi inimestega?

Olgu teil rahu Jumalaga

Esiteks peab meil olema rahu Jumalaga.

Jesaja 59:1-2 öeldakse: *„Vaata, Isanda käsi ei ole päästmiseks lühike ega ole Ta kõrv kuulmiseks kurt, vaid teie süüteod on teinud vahe teie ja teie Jumala vahele, teie patud varjavad Tema palge teie eest, sellepärast Ta ei kuule."* Kui me teeme pattu, lahutab meid Jumalast patumüüri tõke.

Seega tähendab Jumalaga rahus olek meie ja Jumala vahelise patumüüri puudumist.

Kui me võtame Jeesuse Kristuse vastu, andestatakse meile kõik selle hetkeni tehtud patud (Efeslastele 1:7). Selle tõttu hävib meie ja Jumala vaheline patumüür ja kehtestatakse rahu.

Aga me peame meeles pidama, et kui me jätkame pärast pattude andekssaamist patustamist, luuakse taas patumüür.

Piiblist võib aru saada, et patt tekitab palju eri probleeme. Kui Jeesus tervendas Matteuse 9. peatükis halvatu, andestas Ta esiteks ta patu. Pärast seda kui Ta tervendas mehe, kes oli 38 aastat haige olnud, ütles Ta Johannese 5:14: *"Vaata, sa oled saanud terveks. Ära tee enam pattu, et sinuga ei juhtuks midagi halvemat."*

Seega, kui me parandame pattudest meelt, pöördume ja elame Jumala Sõna alusel, võib meil Jumalaga rahu olla. Siis me saame samuti Tema lastena õnnistatud. Kui me oleme haige, me terveneme ja saame terveks, kui meil on rahahäda, kaob probleem ja me saame rikkaks. Sel moel saame me oma südamesoovidele vastused.

Olgu teil rahu iseenesega

Nii kaua kui meie sees on vihkamist, kadedust, armukadedust ja muud kurjust, õhutab vastav olukord need üles. Siis me kannatame selle tõttu ja meil pole rahu.

Korea kõnekäänd ütleb: „Kui su nõbu ostab maad, saad sina kõhuvalu." See väljendab kadedust. Inimene kannatab kadeduse tõttu, kuna talle ei meeldi olukod, kus teistel läheb hästi. Samamoodi, nii kaua kui meis on kadedust, armukadedust, kõrkust, tülitsemist, abielurikkujat meelt ja muud liiki kurjust südames, ei saa me olla rahus. Püha Vaim meie sees oigab, seega me süda tunneb ahistust.

Seega me peame oma südames kurjusest vabanema ja Püha Vaimu soove järgima, et meis oleks rahu.

Kui me võtame Jeesuse Kristuse vastu ja meil on rahu Jumalaga, saadab Jumal me südamesse Püha Vaimu anni (Apostlite teod 2:38).

Püha Vaim on Jumala süda – kutsugem Jumalat „Isaks" ja laseb meil mõista pattu, õigust ja kohut. Jumalalapsed võivad siis elada Püha Vaimu juhatusel Jumala Sõna alusel.

Kui me elame Jumala Sõna alusel ja järgime Püha Vaimu abil Püha Vaimu soove, rõõmustab Ta meie südant. Seega, me võime südames tröösitud ja rahus olla.

Pealegi ei ole meis enam patuga võitlemist, vastavalt sellele, kui palju me saame oma südames kurjast täiesti vabaks ja seega me võime tunda täit rahu. Üksnes pärast enesesse rahu saamist võime me ka teistega rahus elada.

Olgu teil rahu inimestega

Vahel võime me näha inimesi, kes on innukad ja kirglikud Jumalalt saadud ülesannete täitmisel. Nad armastavad Jumalat ja pühenduvad, aga nad ei ole rahus teiste usuvendadega.

Kui nad arvavad, et see on kasulik jumalariigi heaks, ei kuula nad teiste arvamust, vaid lihtsalt jätkavad kirglikult oma tegevust. Siis tunnevad mõned teised end ebamugavalt ja vastandlikult nende suhtes.

Selles olukorras mõtlevad need, kes pole teistega rahujalal, et tegu on hinnaga, mida neil tuleb maksta, et jumalariigi heaks midagi head korda saata. Tegelikult nad isegi ei hooli nende arvamusele vastukäivatest arvamustest või sellest, kas nad ehk põhjustasid ise teistes ebamugavustunnet.

Aga headusega inimesed arvestavad iga asjassepuutuva inimese südamega, seega nad võivad järgida rahu ja teisi aktsepteerida. Seega, paljud võivad nende juurde tulla.

Headus on tõesüda, mis järgib headust tões. See tähendab meeldivat ja suuremeelset olekut. Samuti tähendab see, et me peame teisi endast paremaks ja hoolitseme nende eest (Filiplastele 2:3-5).

Matteuse 12:19-20 öeldakse: *„Ta ei riidle ega kisenda ega kuule tänavail keegi Ta häält, rudjutud roogu ei murra Ta katki ja hõõguvat tahti ei kustuta Ta ära, kuni Ta on õigusele võidu saatnud, ja paganad loodavad Tema nime peale."*

Kui meil on niisugune headus, ei tülitse me teistega. Me ei püüa hoobelda ega tõsta end esile. Me armastame isegi neid, kes on nõrgad kui rudjutud roog või kurjad nagu hõõguv taht. Me aktsepteerime neid, lootes neile parimat.

Oletame näiteks, et esimene poeg ostab vanematele armastusest nende vastu väga head kingitused. Aga kui ta kritiseerib oma vendi, kes ei saa sama teha, kuidas see vanemaid tundma paneb? Tõenäoliselt tahavad nad, et laste vahel valitseks rahu ja armastus, selle asemel et saada kalleid ja häid kingitusi.

Samamoodi tahab Jumal, et meie mõistaksime Ta südant ja oleksime selle sarnased, selle asemel, et me Ta riiki suurel määral teoks teeksime. Juhul kui pole tegu absoluutse valega, peaksime me rahu hoidmiseks arvestama teiste nõrga usuga.

Selle koguduse pastoriks hakkamise hetkest pole mul kunagi olnud õiget vilja mitte kandnud pastorite või töötegijate vastu mingit ebamugavustunnet. Ma nägin neid usus ja kannatlikkusega, kuni nad said Jumalalt lisajõudu ja täitsid oma ülesanded hästi.

Kui ma oleksin lihtsalt oma vaatenurka rõhutanud, oleksin ma võinud neile nõu anda, öeldes midagi sarnast: „Äkki sa teeksid midagi muud, saaksid järgmisel aastal rohkem jõudu ja tuleksid teeksid seda tööd hiljem."

Aga ma kartsin mõningaid araks teha ja ei teinud niimoodi. Kui meis on headus, mis ei lase meil murda rudjutud roogu ega kustutada hõõguvat tahti, võib meil kõigiga rahu olla.

Rahu meie ohvri läbi

Johannese 12:24 öeldakse: „*Tõesti, tõesti, ma ütlen teile, kui nisuiva ei lange maasse ega sure, siis see jääb üksi, aga kui see sureb, siis see kannab palju vilja.*" Nii nagu öeldud, kui me ohverdame end täielikult igas vallas, võime me olla rahus ja kanda rikkalikku vilja. Nimelt, kui seeme langeb maha ja sureb, võib see tärgata ja kanda palju vilja.

Mida tegi Jeesus? Ta ohverdas end täielikult. Ta löödi kogu patuse inimkonna eest risti. Ta avas pääsemise tee ja tõi tagasi palju jumalalapsi.

Samamoodi, kui meie ohverdame esimesena teisi igas vallas teenides, olgu siis tegu perekonna, töökoha või kogudusega, siis võib meil olla ilus rahuvili.

Igaühel on erinev usumõõt (Roomlastele 12:3). Igaühel on erinevad arvamused ja mõtted. Haridustase, iseloomud ja olud, kus nad kasvasid, olid erinevad, seega igaühel on erinevad standardid meeldivuse ja õigekspidamiste suhtes.

Igaühel on erinev standard ja seega kui igaüks rõhutab seda, mida ta soovib, ei saa meie vahel kunagi rahu olla. Isegi kui meil on õigus ja isegi kui me võime teiste tõttu end veidi ebamugavalt tunda, tuleb meil end rahu nimel ohvriks tuua.

Oletame, et kaks täiesti erineva elulaadiga õde jagavad tuba.

Vanemale õele meeldib kui kõik on puhas, aga noorem ei ole tegelikult taoline. Vanem õde palub nooremal õel end muuta. Kui noorem õde ei kuula, võib vanem õde ärrituda. Lõpuks näitab ta seda ka väliselt. Lõpuks tekib nende vahele tüli.

Ilmselgelt on selles olukorras parem kui tuba on puhas, aga kui me vihastume ja solvame teisi oma sõnadega, me ei tee õieti. Isegi kui me võime ebamugavust tunda, peaksime me rahu tagamiseks ootama armastusega selle inimese muutumist.

Kord elas mees, kelle nimi oli Minson. Ta ema suri kui ta oli väga noor. Tal oli kasuema, kellel oli kaks nooremat poega.

Kasuema kohtles Minsonit halvasti; ta andis head sööki ja häid riideid vaid oma poegadele. Minson pidi külma talveilmaga pilliroost riietes värisema.

Ühel külmal talvepäeval kui Minson lükkas käru, mida ta isa tõmbas, värises ta nii palju, et käru hakkas värisema. Isa puudutas poja riideid ja sai lõpuks aru, et poeg oli pilliroost riietes.

„Kuidas ta võis niimoodi teha?" Isa oli maruvihane ja valmis oma uut naist majast välja ajama. Aga siis Minson palus, et isa ei teeks seda. „Isa, palun ära ärritu. Kui nende ema on siin, kannatab vaid üks poeg, aga kui ta kodust välja ajada, kannatavad kõik kolm poega."

Ta sõnad liigutasid kasuema. Ta parandas oma valedest tegudest pisarais meelt ja pärast seda oli nende peres rahu.

Samamoodi tervitatakse ja armastatakse kõikjal neid, kes on tasased nagu puuvill ja kes teistega ei tülitse ega ole problemaatilised.

Rahutegija Aabraham

Suurem osa inimesi soovib, et nende elu oleks rahulik, aga nad ei saa tegelikult seda teoks tehtud, kuna nad taotlevad omakasu ja eeliseid.

Kui me ei otsi omakasu, võib näida, et me kanname kahju, aga ususilmadega vaadates pole see nii. Kui me järgime Jumala tahet ja taotleme teiste kasu, tasub Jumal meile palvevastuste ja õnnistustega.

1. Moosese raamatu 13. peatükist võib näha Aabrahami ja ta vennapoega Lotti. Lott kaotas noorena isa ja järgis Aabrahami, otsekui oleks tegu tema isaga. Selle tulemusel sai ka tema õnnistatud kui Jumal armastas ja õnnistas Aabrahami. Neil oli märkimisväärses suuruses vara. Neil polnud ainult hõbedat ja kulda, vaid ka kariloomi. Seega, vett polnud piisavalt ja mõlema poole karjaste vahel tekkisid tülid.

Lõpuks otsustas Aabraham perede vaheliste tülide takistamiseks eraldi elama hakata. Siis andis Aabraham parema maa esimesena valimise õiguse käest ära.

Eks ole kogu maa su ees lahti? Mine nüüd minu juurest ära, lähed sina vasakut kätt, lähen mina paremat kätt; lähed sina paremat kätt, lähen mina vasakut kätt (1. Moosese raamat 13:9).

Seega valis Lott omale Jordani oru, sest seal oli piisavalt vett. Aabrahami perspektiivist oli Lott õnnistatud tema tõttu ja perekondlikus hierarhias oli ta onu ja Lott tema vennapoeg, seega ta oleks võinud ise esimesena parema maa valida. Samuti, kui Aabraham oleks Lotile esimesena valiku õiguse puhtalt vormitäiteks andnud, oleks ta arvanud, et Lott käitus ebasündsalt.

Aga Aabraham tahtis kogu südamest, et Lott saaks parema

maa. Sellepärast võis ta Lotiga rahu pidada ja selle tagajärjel õnnistas Jumal teda veelgi enam.

Ja Isand ütles Aabramile, pärast seda kui Lott tema juurest oli lahkunud: „Tõsta nüüd oma silmad üles ja vaata paigast, kus sa oled, põhja ja lõuna ja hommiku ja õhtu poole, sest kogu maa, mida sa näed, ma annan sinule ja su soole igaveseks ajaks! Ja ma teen **su soo maapõrmu sarnaseks:** *kui keegi suudab maapõrmu ära lugeda, siis on sinugi sugu äraloetav. Võta kätte, käi maa läbi pikuti ja põiki, sest ma annan selle sinule!"* (1. Moosese raamat 13:14-17).

Sellest ajast saadik oli Aabrahamil nii suur rikkus ja meelevald, et isegi ümbruskonna kuningad austasid teda. Teda võis tema hea südame poolest isegi pidada „Jumala sõbraks."

See, kes otsib kõiges teiste kasu, teeb asju, mida teised tahavad ja mitte seda, mida ta ise tahab. Kui teda lüüakse paremale põsele, pöörab ta vasaku ette. Ta võib anda oma mantli ja samahästi ka särgi sellele, kes tal seda teha käsib ja ta võib minna kaks miili sellega, kes sunnib teda ühte miili käima (Matteuse 5:39-41).

Nii nagu Jeesuski palvetas nende eest, kes Teda risti lõid, võib ka tema palvetada oma vaenlaste ja nende õnnistuste eest. Ta võib palvetada oma tagakiusajate eest. Kui me ohverdame end kogu südamest ja taotleme teiste kasu, võime me elada rahus.

Rahu valitseb vaid tões

Me peame olema ettevaatlikud ühe asja suhtes, kannatlikkuse ja rahu tagamiseks teiste vigade varjamise vahel ning millegi lihtsalt halvustavas mõttes eiramise vahel on erinevus. Rahu pidamine ei tähenda seda, et me lihtsalt väldime kedagi või läheme kompromissile kui vend teeb pattu. Me peame igaühega rahujalal olema, aga me peame tões püsides rahu pidama.

Näiteks pereliikmed või töökaaslased võivad paluda, et me ebajumalaid kummardaksime. Nad võivad paluda, et me alkoholi jooksime. See on Jumala Sõna vastane (2. Moosese raamat 20:4-5; Efeslastele 5:18), seega meil tuleb sellest keelduda ja otsustada minna Jumalale meelepärast teed mööda.

Aga me peame seda targalt tegema. Me ei tohiks teistele haiget teha. Me peame nende vastu alati lahked olema. Me peame oma ustavusega nende südame võitma. Siis me võime neid tasase südamega veenda ja paluda neil end mõista.

Seda tunnistas üks õde meie kogudusest. Pärast tööleminekut oli tal töökaaslastega mingi aja jooksul probleeme. Nad tahtsid, et ta tuleks pühapäeviti väljasõitudele ja teistele koosolekutele, aga ta tahtis hingamispäeva pidada.

Seega ta töökaaslased ja ülemused jätsid ta tahtlikult asjadest välja. Aga ta ei hoolinud sellest ja töötas ustavalt edasi, täites isegi vabatahtlikult teiste töötajate ülesandeid. Kui nad nägid temast õhkuvat Kristuse lõhna, tundsid nad meeleliigutust. Nüüd ei toimu neil enam pühapäeviti koosolekuid ja nad hakkasid isegi pulmasid pühapäeva asemel laupäeviti pidama.

Jumala poegadeks pidamise õnnistus

Matteuse 5:9 öeldakse: *"Õndsad on rahutegijad, sest neid hüütakse Jumala lasteks"* (ingl. k. Jumala poegadeks). Kuivõrd suur on meie Jumala lapseks pidamise õnnistus?

Siin ei tähista „pojad" vaid meesterahvaid, aga kõiki jumalalapsi. Aga see erineb veidi „lastest", kellest räägitakse Galaatlastele 3:26: *"Nüüd te olete kõik usu kaudu Jumala lapsed Kristuses Jeesuses."* Kirjas Galaatlastele räägitakse lihtsalt päästetud lastest. Aga rahutegijate kohta kasutatud „Jumala lapsed" on sügava vaimse tähendusega. Nimelt, need on tõelised lapsed, keda Jumal ise tunnustab.

Kõik, kes on Jeesuse Kristuse vastu võtnud ja kellel on usk, on Jumala lapsed. Johannese 1:12 öeldakse: *"Aga kõigile, kes Tema vastu võtsid, andis Ta meelevalla saada Jumala lasteks, neile, kes usuvad Tema nimesse."* Aga isegi kui me oleme päästetud ja jumalalasteks saanud, pole kõik usklikud samasugused.

Näiteks paljude laste seast mõistavad mõned vanemate südant ja trööstivad neid, aga teised teevad vaid vanemate elu raskeks.

Samamoodi vabanevad ka Jumala vaatenurgast mõned lapsed oma südames olevast kurjusest kiiresti ja on sõnakuulelikud, aga teised lapsed ei muutu ka pika aja jooksul. Nad lihtsalt jätkavad sõnakuulmatuses.

Aga millised lapsi peab Jumal paremaks? Ilmselt neid, kes on Isanda sarnased, puhta südamega ja sõnakuulelikke. Seega, 1. Moosese raamatus 17:1 öeldakse: *„Mina olen Kõigeväeline Jumal, käi minu palge ees ja ole vaga!"* Jumal tahab, et Ta lapsed oleksid veatud ja täiuslikud.

Meil tuleb olla Päästja Jeesuse näo sarnased, et meid võidaks jumalalasteks pidada (Roomlastele 8:29). Jumala Poeg Jeesus sai rahutegijaks, ohverdades end ristisurma.

Samamoodi, kui me sarnaneme Jeesusele eneseohverduse ja rahupüüdlustega, võib meid pidada Jumala poegadeks. Siis võib meil olla ka vaimne meelevald ja vägi, mis oli Jeesusel (Matteuse 10:1).

Nii nagu Jeesus tegi palju tõbiseid terveks, ajas välja kurje vaime ja äratas surnuid ellu, kui meid kutsutakse jumalalasteks, siis võime meiegi tervendada inimesi ravimatutest haigustest nagu vähk, AIDS ja leukeemia.

Lisaks võivad terveneda ka jalust vigased, pimedad, tummad ja lastehalvatusega inimesed. Nende silmad avanevad ja nad hakkavad käima ning ka surnud ärkavad ellu.

Vaenlane kurat kardab ja väriseb, seega deemonite või pimedusejõudude poolt vangivõetud vabastatakse (Markuse 16:17-18). Siis on seal aja- ja ruumipiirangud ületava tervendustöö ilmingud. Meie omanduses olevate asjade nagu näiteks palverätikute kaudu nagu juhtus Pauluse puhul võivad samuti sündida erakordsed teod (Apostlite teod 19:11-12).

Samamoodi, nii nagu Jeesus vaigistas tuule ja lained,

suudame meiegi ilmastikutingimuste muudatust põhjustada (Matteuse 8:26-27). Vihmasajud peatuvad ja me võime isegi muuta taifuuni või orkaani marsruuti või selle kaotada. Me võime ka väga selgel päeval vikerkaari näha.

Muul juhul läheme me – kui meid peetakse jumalalasteks – Uude Jeruusalemma, kus asub Jumala aujärg. Seal kogeme me Tema tõeliste lastena au ja auhiilgust. Kui meil on pääsemise usk, läheme me paradiisi, aga kui meist saavad tõelised lapsed, keda kutsutakse jumalalasteks, võime me minna Uude Jeruusalemma, mis on taevariigi kõige kaunim elukoht.

Kui suur on aujärjele saanud valitseja au ja auhiilgus? Ja kui me oleme kõike valitseva Jumala sarnased ja meid kutsutakse jumalalasteks, oleme me väga austatud ja väärikad! Meid saadavad taevaväed ja inglid ja arvukad inimesed kiidavad meid igavesti taevariigis.

Lisaks saame me hiilgavas Uues Jeruusalemmas osa igasugustest ilusatest asjadest ja seal olevatest suurtest suurejoonelistest majadest. Me elame igavesti ja oleme kirjeldamatult õnnelikud.

Seega me peaksime võtma oma risti ja saama rahutegijateks enese ristilöömiseks ohverdanud Isanda südamega, et me võiksime saada osa Jumala suurest armastusest ja õnnistustest.

8. peatükk
Kaheksas õnnistus

Õndsad on need,
keda õiguse pärast taga kiusatakse,
sest nende päralt on taevariik

Matteuse 5:10

„Õndsad on need, keda õiguse pärast taga kiusatakse, sest nende päralt on taevariik."

„Uskuge Jeesusesse Kristusesse ja saage päästetud."

„Te võite saada kõiges õnnistatud, uskudes kõigeväelist Jumalat."

Jutlustajad ütlevad sageli, et kui me usume Jeesust Kristust, saame me päästetud ja kõiges õnnistatud ja võime oma elus edukad olla, saades igasugustele eluprobleemidele vastused.

Me austame üksnes oma koguduses Jumalat iganädalaste paljude tunnistustega.

Kuid Piiblis öeldakse meile ka, et kui me usume Jeesusesse Kristusesse, tabavad meid raskused ja tagakius. Me saame igavese elu õnnistuse ja maapealsed õnnistused võrdeliselt Isanda nimel loobumise ja ohverdamisega, aga samas saame me ka tagakiusu (Filiplastele 1:29).

Tõesti, ma ütlen teile, ei ole kedagi, kes on maha jätnud maja või vennad või õed või ema või isa või lapsed või põllud minu pärast ja evangeeliumi pärast ega saaks vastu nüüd, selsamal ajal sajavõrra maju ja vendi ja õdesid ja emasid ja lapsi ja põlde tagakiusamise kestelgi, ning tuleval ajastul igavest elu (Markuse 10:29-30).

Tagakius õiguse pärast

Mida tähendab õiguse tõttu tagakiusatud olemine? See on tagakius, mida me kogeme kui me elame Jumala Sõna alusel, järgides tõde, headust ja valgust.

Muidugi ei pruugi meid tagakius tabada kui me läheme lihtsalt kompromissile ega ela kohast kristlase elu. Aga 2. Timoteosele 3:12 öeldakse: *„Ja kõiki, kes tahavad elada jumalakartlikult Kristuses Jeesuses, kiusatakse taga."* Kui me järgime Jumala Sõna, võime me sattuda raskustesse või tagakiusu alla põhjuseta.

Näiteks kui me Isandat ei uskunud, oleksime me joonud ja kasutanud nilbeid väljendusi ja käitunud viisakusetult. Aga pärast Jumala armu saamist püüame me joomist maha jätta ja jumalikult elada. Seega, meil on loomulik kalduvus eemalduda uskmatutest töökaaslastest ja liitlastest. Isegi kui me nendega liidus pole, ei saa nad meie seltskonnas enam teha seda, mis varem ja seega nad võivad tunda pettumust või midagi meie muutunud käitumise kohta öelda.

Minugi puhul oli mul enne Isanda vastuvõtmist palju sõpru, kes minu seltsis jõid. Samuti joodi sugulaste kogunemistel palju. Aga pärast Isanda vastuvõtmist sain ma äratuskoosolekul aru Jumala tahtest, mis ütleb, et me ei joobuks ja jätsin joomise otsekohe maha.

Ma ei paku vendadele, sugulastele ega sõpradele alkohoolseid jooke. Seega nad kurtsid mulle, et ma ei kohelnud neid nii nagu vaja.

Pealegi, pärast Isanda vastuvõtmist ja hingamispäeva pühitsemist, ei saa me vahel oma töökoha väljasõitudel ega muudel seltskondlikel koosviibimistel osaleda. Perekonnas, mille liikmed pole evangeeliumi vastu võtnud, võib meid ebajumalate ette kummardamast keeldudes tabada isegi tagakius.

Kurjad vihkavad valgust

Miks me peaksime siis Isandat uskudes kannatama? Põhjus on sama, miks õli ja vesi ei segune. Jumal on valgus ja need, kes Isandat usuvad ja elavad vaimselt Sõna kohaselt, kuuluvad valgusesse (1. Johannese 1:5). Aga selle maailma valitseja on vaenlane kurat ja saatan, kes on pimeduse valitseja (Efeslastele 6:12).

Seega, nii nagu pimedus valguse tulles kaob, kui valgusetaoliste usklike arv suureneb, kahaneb vaenlase kuradi ja saatana valitsuse võim. Vaenlane kurat ja saatan valitsevad neile kuuluvaid maailmalikke inimesi. Nad ässitavad neid usklikke taga kiusama, et nad ei jätkaks enam usklikena.

Igaüks, kes teeb halba, vihkab valgust ega tule valguse juurde, et ta tegusid ei paljastataks. Aga kes teeb tõtt, see tuleb valguse juurde, et ta teod saaksid avalikuks, sest need on tehtud Jumalas (Johannese 3:20-21).

Hea südamega inimesed võivad tunda meeleliigutust ja võtta evangeeliumi vastu kui nad näevad teisi õiguses Jumala Sõna kohaselt elamas. Aga kurjad peavad seda rumalaks. Nad vihkavad seda ja kiusavad usklikke selletõttu taga.

Mõned püüavad usklikke oma loogikaga veenda. Nad ütlevad: „Kas sa pead nii äärmuslik olema? On inimesi, kes on kristlaste perekonnas kasvanud. Mõned nende seast on koguduse vanemad, aga nad joovad ikkagi." Aga jumalalapsed ei peaks kunagi oma töökaaslaste, sugulaste või sõprade ajutise haavatasaamise vältimiseks käituma ebaõiglaselt, mida Jumal vihkab.

Jumal andis oma ainsa Poja meie eest siis kui me olime alles patused. Jeesus talus igasugust pilkamist ja tagakiusu ja suri lõpuks risti peal meie pattude eest. Kui me mõtleme selle armastuse peale, ei saa me mingi tagakiusu all olles vaid ajutise mugavuse pärast kompromissile minna.

Õiguse eest tagakiusu juhtumid

605. aastal e.m.a., võeti Paabeli Nebukadnetsari sissetungi käigus Sadrak, Meesak ja Abednego koos Taanieliga vangi. Nad hoidsid ka kiimases ja ebajumalakummardamisest tulvil võõramaises kultuurikeskkonnas oma austavat suhtumist ja usku Jumalasse alal.

Ühel päeval sattusid nad väga raskesse olukorda. Kuningas valmistas kuldkuju ja käskis maa igal inimesel seda kummardada. Kui keegi ei täitnud kuninga käsku, visati ta tulisesse ahju.

Saadrak, Meesak ja Abednego oleksid igasugused probleeme kergelt vältida saanud kui nad oleksid vaid korra kuju kummardanud, aga nad ei teinud seda.

Nad ei kummardanud kuju, kuna 2. Moosese raamatus 20:4-5 öeldakse: „*Sa ei tohi enesele teha kuju ega mingisugust pilti sellest, mis on ülal taevas, ega sellest, mis on all maa peal, ega sellest, mis on maa all vees! Sa ei tohi neid kummardada ega neid teenida, sest mina, Isand, sinu Jumal, olen püha vihaga Jumal, kes vanemate süü nuhtleb laste kätte kolmanda ja neljanda põlveni neile, kes mind vihkavad.*"

Lõpuks tuli Taanieli kolm sõpra visata tulisesse ahju. Nende tunnistus oli sel hetkel väga meeltliigutav!

> *Kui see peab olema, võib meie Jumal, keda me teenime, meid päästa: Ta päästab meid tulisest ahjust ja sinu käest, oh kuningas! Aga kui mitte, siis olgu sul teada, kuningas, et meie ei teeni su jumalaid ega kummarda kuldkuju, mille sa oled lasknud püstitada* (Taaniel 3:17-18).

Nad ei läinud isegi eluohtlikus olukorras kompromissile ja säilitasid usu. Jumal nägi nende usku ja päästis nad tulisest ahjust.

Tagakius inimese puuduste tõttu

Siin tuleb meeles pidada, et on palju juhtumeid, kus inimesi tabab tagakius nende puuduste tõttu ja neid ei kiusata taga õiguse pärast nagu Taanieli kolme sõpra taga kiusati.

Näiteks leidub usklikke, kes ei täida alati kõiki oma ülesandeid, öeldes, et nad teevad Jumala tööd.

Kui õpilased ei õpi ja koduperenaised ei kanna majapidamise eest hoolt ja keskenduvad koguduse üritustele, hakkavad pereliikmed neid taga kiusama. Tagakius tuleneb sellest, et nad jätsid oma õpingud või majapidamise unarusse. Aga nad ise arvasid eksikombel, et neid kiusatakse Isanda töö pärast taga.

Usklik ei pruugi töö juures väga tublisti tööd teha ja võib püüda oma tööd teise inimese kaela määrida, vabandades end koguduse tööga välja. Siis ta saab töölt hoiatuse või teda noomitakse. See pole tagakius õigluse pärast.

Seega 1. Peetruse 2:19-20 öeldakse: *„Sest see on arm, kui keegi südametunnistuse pärast Jumala ees talub viletsust, kannatades süütult. Sest mis kuulsus see on, kui teid süü pärast pekstakse ja teie seda peate taluma? Aga kui te head tehes ja kannatades talute peksu, siis on see arm Jumalalt."*

Õndsad on need, keda õiguse pärast taga kiusatakse

Matteuse 5:10 öeldakse: *„Õndsad on need, keda õiguse pärast taga kiusatakse, sest nende päralt on taevariik."* Miks

Piiblis neid õndsateks kutsutakse? Kurjuse või seadusetuse tõttu inimest tabav tagakius ei saa olla õnnistus ega tasu. Aga õiguse pärast tagakiusamine on õnnistus, kuna niisuguse tagakiusu osaline võib saada taevariigi.

Nii nagu maapind muutub pärast vihma tugevamaks, on ka meie süda kindlam ja täiuslikum pärast tagakiusu läbimist. Me võime leida valed, millest me varem teadlikud polnud ja neist vabaneda. Me võime kasvatada tasadust ja rahu ja sarnaneda Isanda südamele, armastades isegi oma vaenlasi.

Enne, kui meid löödi põsele, saime me vihaseks ja pidime vastu äsama. Aga tagakiusu kaudu õpime me teenimist ja armastust ja siis suudame me isegi teise põse ette pöörata.

Samuti, need kes muutusid tavaliselt kurvaks ja kurtsid raskustesse sattudes, võivad tagakiusu teel tugevat usku omada. Nüüd on neil taevalootus ja nad on igas olukorras tänulikud ja rõõmsad.

Lubage mul tuua üks näide päriselust. Ühel meie koguduseliikmel olid igasugused probleemid töökaaslasega kontorist. See inimene laimas usklikku põhjuseta. Tema teod polnud mõistuspärased ja usklik pidi seetõttu palju kannatama.

Teised inimesed tavatsesid öelda, et ta oli kena meesterahvas, aga selle olukorra kaudu leidis usklik, et ka tema südames oli vihkamist. Ta otsustas töökaaslast oma südames aktsepteerida, sest Jumal käseb meil ka vaenlasi armastada. Ta pidas meeles, mis sellele inimesele meeldis ja andis talle vahel toda.

Samuti ta palvetas selle inimese eest ja sai ta vastu tõelise armastuse ja nende suhted muutusid lähedasemaks ja sõbralikumaks kui ühegi teise kontoritöötajaga.

Seega, Laulus 119:71 öeldakse: „*Mulle on hea, et mind vaevati, et ma õpiksin Su määrusi.*" Niisuguse kannatamisega me alandume enam. Me vabaneme pattudest ja kurjast Isandale toetudes ja pühitsusele jõudes. Aja jooksul kaob tagakius iseenesest.

Kui meid kiusatakse taga õiguse tõttu, kasvab meie usk. Siis austavad meid ümbritsevad inimesed meid ja me saame Jumalalt samuti vaimseid ja materiaalseid õnnistusi. Pealegi me võime minna taevariigi paremasse kohta, vastavalt sellele, kui palju me eneses õigust saavutame. Seetõttu on tegu väga suure õnnistusega!

Taevased eluasemed ja au erinevad

Kuidas siis erineb südamelt vaeste ja õiguse eest tagakiusatute taevane asukoht? Tegelikult on nende kahe koha vahel suur erinevus.

Esimene on üldtähenduslik taevas, kuhu võib minna iga päästetu. Aga viimane tähendab, et me läheme paremasse taevasesse elukohta, mis on seotud õiguses tegutsemise tõttu tagakiusamise määraga.

Taevased eluasemed ja tasud erinevad vastavalt meie pühitsusele jõudmise ja Jumala tahte kohaselt tõelisteks lasteks saamise määrale ja vastavalt sellele, kui hästi me teostame oma ülesandeid.

Johannese 14:2 öeldakse: *„Minu Isa majas on palju eluasemeid. Kui see nõnda ei oleks, kas ma siis oleksin seda teile öelnud, et ma lähen teile aset valmistama."*

Samuti öeldakse 1. Korintlastele 15:41: *„Isesugune on päikese kirkus ja isesugune kuu kirkus ja isesugune tähtede kirkus, sest ka täht erineb tähest kirkuse poolest."* Me võime näha, et meie tulevased taevased eluasemed ja au erinevad vastavalt meie saavutatud õigusemäärale.

Südamelt vaesed on Isanda vastu võtnud ja saanud õiguse taevariiki minna. Sellest ajast peale muutusid nad tasasteks ja said leina ja pattudest vabanemiseks meeleparanduse kaudu puhta südame. Nad peavad jätkuvalt õiguse järgimiseks usus kasvama.

Nimelt võivad vaid need, kes mõistavad oma kurjust, vabanevad sellest ja saavad tagakiusu ja katsumuste kaudu pühitsetud, minna parematesse taevastesse kohtadesse ja samuti näha Isa Jumalat.

Tagakius Isanda tõttu

Tagakius kaob õiguse saavutamise määraga võrdselt. Kui meie usk kasvab ja me muutume üha täiuslikumaks, austavad meid ümbritsevad inimesed. Lisaks saame me ka Jumalalt vaimsed ja materiaalsed õnnistused.

Seda võib näha Taanieli kolme sõbra varal. Neid kiusati taga, kuna nad säilitasid oma õiguse Jumalas. Nad visati tulisesse ahju, mis oli köetud tavalisest seitse korda tulisemaks, aga Jumal kaitses neid ja ükski nende juuksekarv ei kõrbenud.

Kuningas nägi Jumala tööd ja austas Kõigeväelist Jumalat. Ta ülendas ka neid kolme meest.

Aga see ei tähenda, et igasugune tagakius kaob lihtsalt, kuna me oleme Jumala Sõna täielikult tehes saavutanud õiguse. On ka tagakius, millest Isanda töötegijad peavad jumalariigi heaks läbi minema.

> *Õndsad olete teie, kui teid minu pärast laimatakse ja taga kiusatakse ja teist valega kõiksugust kurja räägitakse. Olge rõõmsad ja hõisake, sest teie palk on suur taevas! Just samamoodi on taga kiusatud ka prohveteid ene teid* (Matteuse 5:11-12).

Paljud usuisad kannatasid Jumala tahte tegemiseks tahtlikult. Esiteks oli Jeesus Jumala kujul olemas. Ta oli veatu ja plekitu, aga Ta võttis patuste karistuse oma kanda. Pääsemise ettehoolde teostamiseks piitsutati Teda ja Ta löödi risti igasuguse pilke ja põlgusega.

Apostel Paulus

Vaatleme apostel Pauluse juhtumit. Paulus rajas paganatele evangeeliumi kuulutades maailmamisjoni aluse. Ta rajas oma kolme misjonireisi ajal palju kogudusi. Tema tunnistusest võib näha kui raske see oli.

Nemad on Kristuse teenrid! Ma räägin pööraselt – mina olen rohkem! Ma olen palju rohkem vaeva näinud, palju rohkem vangis olnud, saanud palju enam hoope, tihti olnud surmasuus. Ma olen juutide käest viis korda saanud ühe hoobi vähem kui nelikümmend, mind on kolm korda keppidega pekstud, üks kord püütud kividega surnuks visata, kolm korda olen üle elanud laevahuku, terve öö ja päeva olen olnud veevoogudes; tihti olen olnud teekondadel, ohus jõgedel, ohus teeröövlite käes, ohus oma rahva seas, ohus paganate seas, ohus linnades, ohus kõrbes, ohus merel, ohus valevendade käes, töös ja vaevas, tihti valvamises, näljas ja janus, tihti paastumistes, külmas ja alasti (2. Korintlastele 11:23-27).

Oli isegi inimesi, kes tõotasid mitte midagi süüa, kuni nad said Pauluse tappa. Võib ette kujutada kui palju ta pidi kannatama (Apostlite teod 23:12). Kuid hoolimata tagakiusu olukorrast, oli apostel Paulus alati rõõmus ja tänulik, sest tal oli taevariigi lootus.

Ta oli jumalariigi ja Jumala õiguse tõttu surmani ustav ja ei säästnud isegi oma elu (2. Timoteosele 4:7-8).

Jumalamehed ei kannata mitte väepuuduse tõttu. Kui Jeesus oli ristil, oleks Ta omal vabal tahtel võinud kutsuda omale abiks rohkem kui kaksteist leegioni ingleid ja hävitada kohapealt kõik kurjad inimesed (Matteuse 26:53).

Moosesel kui ka apostel Paulusel oli niisugune suur vägi, et inimesed pidasid neid isegi jumalateks (2. Moosese raamat 7:1, Apostlite teod 14:8-11). Kui inimesed võtsid Pauluse naha pealt higirätikuid ja põllesid ja panid need haigete peale, lahkusid neist tõved ja kurjad vaimud läksid välja (Apostlite teod 19:12).

Aga kuna nad teadsid, et Jumala ettehoolde teostub suuremal määral nende kannatuste kaudu, ei püüdnud nad kannatusi vältida ega neist pääseda, vaid talusid neid rõõmuga. Nad kuulutasid Jumala tahet põleva kirega ja tegid seda, mida Jumal neil teha oli käskinud.

Suur tasu kui me juubeldame ja oleme rõõmsad

Me võime juubeldada ja rõõmus olla kui meid Isanda nime tõttu taga kiusatakse, sest meie tasu taevariigis on siis suur (Matteuse 5:11-12).

Mineviku ustavate ministrite seas olid mõned, kes olid valmis kuninga eest oma elu ohvriks tooma. Kuningas lisas neile lojaalsuse eest rohkem au ja austust. Kui minister oleks surnuud, oleks kuningas andnud nende tasud lastele.

Nii nagu öeldakse Johannese 15:13: *„Ei ole olemas suuremat armastust kui see, et keegi annab elu oma sõprade eest",* tõendasid nad oma elu ohverdades armastust kuninga vastu.

Kui meid kiusatakse taga ja me isegi loobume Isanda heaks oma elust, kuidas võiks kõige valitseja Jumal lasta asjadel lihtsalt niimoodi jääda? Ta valab meid üle kirjeldamatute taevaste õnnistustega.

Ta annab meile taevariigis paremad elukohad. Isanda eest märtrisurma surnuid tunnustatakse nende Isandat armastava südame tõttu. Nad lähevad vähemalt taevariigi kolmandale tasemele või isegi Uude Jeruusalemma.

Isegi kui me pole täielikult pühitsetud ja ohverdame oma elu, saades märtriks, tähendab see, et me oleksime lisaaja saamise võimalusel täiele pühitsusele tulnud.

Apostel Paulus kannatas väga palju ja andis Isanda eest isegi oma elu. Ta võis Jumalaga selgelt suhelda ja palju taevaseid vaimseid asju kogeda. Kuna ta nägi paradiisi, ta tunnistas: *„Sest minu arvates ei vääri nüüdse ajastu kannatused mainimist tulevase kirkuse kõrval, mida meile ilmutatakse"* (Roomlastele 8:18).

Ta tunnistas ka 2. Timoteosele 4:7-8: *„Olen võidelnud head võitlemist, lõpetanud elujooksu, säilitanud usu. Nüüd on mulle valmis pandud õiguse pärg, mille Isand, õiglane kohtunik, oma päeval mulle annab, aga mitte üksnes mulle, vaid kõikidele, kes igatsevad Tema ilmumist."*

Jumal ei unusta tagakiusatute ja Isanda eest isegi märtrisurma surnute ustavust ja jõupingutusi. Ta tasub niisuguse ohvri eest ülevoolava au ja tasudega. Nii nagu apostel Paulus tunnistas, ootavad hämmastavad tasud ja au.

Isegi kui me tegelikult ei kaota oma füüsilist elu, tasutakse meile kõige Isanda jaoks märtrisüdamega tehtu ja kogu kogetud tagakiusu eest tasude ja õnnistustega.

Jumal vastab ka neile, kes juubeldavad ja on rõõmsad, kuigi neid kiusatakse Isanda tõttu taga ja täidab nende südameigatsused ning vajadused, et tõendada, et Jumal on nendega. Nende usk kasvab võrdeliselt sellega, kui palju nad võidavad raskusi ja siis saavad nad suurema väe ja meelevalla ning suhtlevad Jumalaga selgemalt ja suudavad ilmutada Jumala suuremaid väetegusid.

Aga tegelikult ei hooli need, kes Isanda eest oma elu ohverdavad, kui nad maa peal midagi vastu ei saa. Nad võivad juubeldada veelgi enam, kuna taevastele õnnistustele ja tasudele, mis nad hiljem saavad, pole võrdväärset.

Isanda kannatuste osaliste õnnistused

Me peaksime veel ühte asja meeles pidama. Kui jumalamees kannatab Isanda tõttu, õnnistatakse ka temaga koosolijaid.

Kui Taavetit aeti taga ta poja Absalomi patu tulemusel, teadsid tõesed inimesed, et Taavet oli jumalamees. Nad jäid temaga ka siis kui nende elu oli ohus. Lõpuks kui Taavet sai taas Jumalalt armu, said nad temaga koos armu.

See on õiglase Jumala tahe, et kui jumalamees kannatab Isanda nime tõttu, saaksid temaga koosolijad, kellel on tõene süda, hiljem osa tema aust. Jeesuski rääkis oma jüngritele taevastest eesseisvatest tasudest, et anda neile suuremat lootust.

> *Aga teie olete need, kes minu juures on püsinud mu kiusatustes, ja mina sean teile kuningriigi, nõnda nagu minu Isa mulle on seadnud, et te sööksite ja jooksite minu lauas minu riigis ja istuksite troonidel, mõistes kohut Iisraeli kaheteistkümnele suguharule (Luuka 22:28-30).*

Ma pidin kogudusega taluma jumalariigi teoks tegemise käigus palju tagakiusu. Kuna me teadsime, et see oli Jumala tahe, kuulutasime me sügavatest vaimsetest asjust, teades, et ka see toob meile tagakiusu.

Me talusime palju raskusi, mis olid tegelikult inimlikult talumatud ja jätsime vaid palvetades ja paastudes kõik Jumala kätesse. Siis andis Jumal meile suurema väe, tõendades, et Ta oli meiega. Ta lasi meie kaudu ilmneda väga paljudel tunnustähtedel ja imedel. Inimesed ei tervenenud vaid arvukatest tõbedest, vaid ka haigustest nagu lastehalvatus, pimedus ja kurtus ja sünnist saadik nõrgad ihuliikmed tervenesid.

Lisaks võisime me juhatada sadu tuhandeid ja isegi miljoneid inimesi paljudes maades peetud koosolekusarjade kaudu Isanda kõrvale. Üks taoline koosolekusari sattus kogu maailma huviorbiiti kui CNN (Cable News Network) kaabeluudistevõrk kajastas seda.

2005. aastal rajati GCN (Global Christian Network)

ülemaailmse kristliku võrgu TV ja see hakkas edastama ööpäevaringseid saateid New York City's ja New Jersey osariigis. Jumal õnnistas seda rajamisest vaid üks aasta hiljem niimoodi, et igaüks võis seda kogu maailmas satelliidi vahendusel näha.

2006. aasta juulikuus Madison Square Gardenis New York City's toimunud New Yorki koosolekusari edastati erinevate kristlike edastajate nagu GCN, Cosmovision, GloryStar Network, ja Daystar TV kaudu rohkem kui 200 maailma maale.

Sellise au taga seisid koguduseliikmete pisarsilmil tehtud palved. Suurem osa koguduseliikmetest palvetas ja paastus koguduse eest kui see oli raskes olukorras.

Need, kes läbisid Isandaga kannatused, tundsid taevariigi suhtes ülevoolavat lootust. Nad muutusid julgeks ja said vaimse usu. Kõik see tuli neile õnnistuste näol tagasi. Nende perekonnad, töökohad ja ettevõtmised said õnnistatud. Nad austasid Jumalat paljude tunnistustega.

Seega suudavad tõelise õnnistuse järgi minejad Isanda tõttu tagakiusu kannatamise ajal kogu südamest juubeldada ja rõõmsad olla, kuna nad vaatavad ettepoole, igavesi õnnistusi, mis ootavad neid taevariigis.

See, kes taotleb tõelist õnnistust

Jumala silmis erineb õnnistus väga sellest, mida maailma inimesed õnnistuseks peavad.

Paljud peavad rikkust õnnistuseks. Aga Jumal ütleb, et südamelt vaesed on õndsad. Inimesed arvavad, et alatine õnnetunne on õnnistus. Aga Jumal ütleb, et õndsad on need, kes on kurvad. Jumal ütleb, et tõe järele näljased ja janused ja tasased on õnnistatud.

Õndsakskiitmistes sisalduvad õnnistatud ja tõelised teed vaese ja tagakiusu kaudu Isanda südame sarnase südamega olles taevariigi valdamiseks.

Kui me seega oleme lihtsalt sõnakuulelikud, suudame me vabaneda igasugusest kurjast ja täita oma südame tõega. Me suudame täielikult taastada Jumala tasase püha kuju ja Talle meeltmööda olla. Niimoodi saadakse usu ja terve vaimuga inimeseks.

Taoline inimene on nagu puu, mis on istutatud veeojade äärde. Vee äärde istutatud puud saavad rohkelt värsket vett. Isegi põuaajal või palavuse tulles on nad haljad ja kannavad rikkalikku vilja (Jeremija 17:7-8).

Usklikel, kes elavad Jumala Sõnas, kust tuleb iga õnnistus, pole ka raskustes midagi karta. Nad kogevad alati Jumala armastavat kätt ja õnnistust.

Seega ma palun Isanda nimel, et te ootaksite pikisilmi teile avalikuks saavat au ja kasvataksite oma elus õndsakskiitmisi. Ma palun, et te võiksite täiel määral nii maa peal kui taevas, kogeda tõelisi õnnistusi, mida Isa Jumal teile annab.

„Õnnis on inimene
kes ei käi
õelate nõu järgi
ega seisa patuste tee peal
ega istu pilkajate killas,
vaid kel on hea meel Isanda Seadusest
ja kes uurib Ta Seadust ööd ja päevad.

Siis on ta otsekui puu,
mis on istutatud veeojade äärde,
mis vilja annab omal ajal
ja mille lehed ei närtsi;
Ja kõik, mis ta teeb,
läheb korda"
(Laul 1:1-3).

Autor:
Dr Jaerock Lee

Dr Jaerock Lee sündis 1943. aastal Muanis, Jeonnami provintsis, Korea Vabariigis. Kahekümnesena oli dr Lee mitmete ravimatute haiguste tõttu seitse aastat haige ja ootas surma ilma paranemislootuseta. Kuid õde viis ta ühel 1974. aasta kevadpäeval kogudusse ja kui ta põlvitas, et palvetada, tervendas elav Jumal ta kohe kõigist haigustest.

Hetkest kui dr Lee kohtus selle imelise kogemuse kaudu elava Jumalaga, on ta Jumalat kogu südamest siiralt armastanud ja Jumal kutsus ta 1978. aastal end teenima. Ta palvetas tuliselt, et ta võiks Jumala tahet selgelt mõista ja seda täielikult teha ning kuuletuda kogu Jumala Sõnale. 1982. aastal asutas ta Manmini koguduse Seoulis, Lõuna-Koreas ja tema koguduses on aset leidnud arvukad Jumala teod, kaasa arvatud imepärased tervenemised ja imed.

1986. aastal ordineeriti dr Lee Korea Annual Assembly of Jesus' (Jeesuse aastaassamblee) Sungkyuli koguduse pastoriks ja neli aastat hiljem – 1990. aastal, hakati tema jutlusi edastama Austraalia, Venemaa, Filipiinide ülekannetes ja paljudes muudes kohtades Kaug-Ida ringhäälingukompanii, Aasia ringhäälingujaama ja Washingtoni kristliku raadiosüsteemi kaudu.

Kolm aastat hiljem, 1993. aastal, valis *Christian World (Kristliku maailma)* ajakiri (USA) Manmini Keskkoguduse üheks „Maailma 50 tähtsamast kogudusest" ja Christian Faith College (Kristlik Usukolledž), Floridas, USA-s andis talle Teoloogia audoktori tiitli ja 1996. aastal sai ta PhD teenistusalase kraadi Kingsway Teoloogiaseminarist, Iowas, USA-s.

1993. aastast alates on Dr Lee juhtinud maailma misjonitööd, viies läbi palju välismaiseid krusaade Tansaanias, Argentinas, L.A.-s, Baltimore City's, Havail ja New York City's USA-s, Ugandas, Jaapanis, Pakistanis, Kenyas, Filipiinidel, Hondurasel, Indias, Venemaal, Saksamaal, Peruus, Kongo Rahvavabariigis, Iisraelis ja Eestis.

2002. aastal kutsuti teda Korea peamistes kristlikes ajalehtedes tema välise teenistuse tõttu erinevatel väliskoosolekusarjadel „ülemaailmseks äratusjutlustajaks." Ta kuulutas julgelt, et Jeesus Kristus on Messias ja Päästja eriti „New Yorki 2006. aasta koosolekusarja" käigus, mis toimus maailma kuulsaimal laval Madison Square Gardenis ja mida edastati 220 riiki ja

Jeruusalemma rahvusvahelises koosolekukeskuses toimunud „2009. aasta Iisraeli ühendkoosolekute sarja" käigus.

Tema jutlusi edastatakse 176 riiki satelliitide kaudu, kaasa arvatud GCN TV ja ta kuulus Venemaa populaarse kristliku ajakirja *In Victory (Võidukas)* ja uudisteagentuuri *Christian Telegraph (Kristlik Telegraaf)* sõnul 2009. ja 2010. aastal oma vägeva teleedastusteenistuse ja välismaiste koguduste pastoriks olemise tõttu kümne kõige mõjukama kristliku juhi sekka.

2018. aasta veebruaris alates koosneb Manmini Keskkogudus rohkem kui 130 000 liikmest. Kogudusel on 11000 sisemaist ja välismaist harukogudust, mille hulka kuuluvad 56 kodumaist harukogudust ja praeguseni on sealt välja lähetatud rohkem kui 98 misjonäri 26 maale, kaasa arvatud Ameerika Ühendriigid, Venemaa, Saksamaa, Kanada, Jaapan, Hiina, Prantsusmaa, India, Kenya ja paljud muud maad.

Tänaseni on Dr Lee kirjutanud 110 raamatut, kaasa arvatud bestsellerid *Tasting Eternal Life before Death (Maitsedes igavest elu enne surma), My Life My Faith I & II (Minu Elu, Minu Usk I ja II osa), The Message of the Cross (Risti Sõnum), The Measure of Faith (Usu Mõõt), Heaven I & II (Taevas I ja II osa), Hell (Põrgu)* ja *The Power of God (Jumala Vägi)* ja tema teosed on tõlgitud enam kui 75 keelde.

Tema kristlikud veerud ilmuvad väljaannetes *The Hankook Ilbo, The JoongAng Daily, The Chosun Ilbo, The Dong-A Ilbo, The Seoul Shinmun, The Kyunghyang Shinmun, The Korea Economic Daily, The Shisa News* ja *The Christian Press.*

Dr Lee on praegu mitme misjoniorganisatsiooni ja-ühingu asutaja ja president, kaasa arvatud The United Holiness Church of Korea (Korea Ühendatud Pühaduse Koguduse) esimees; The World Christianity Revival Mission Association (Ülemaailmse Kristliku Äratusmisjoni Liidu) asutaja; Global Christian Network (GCN) (Ülemaailmse Kristliku Võrgu CGN) asutaja ja juhatuse esimees; The World Christian Doctors Network (WCDN) (Ülemaailmse Kristlike Arstide Võrgu WCDN) asutaja ja juhatuse esimees; Manmin International Seminary (MIS) (Manmini Rahvusvahelise Seminari MIS) asutaja ja juhatuse esimees.

Teised kaalukad teosed samalt autorilt

Taevas I & II

Üksikasjalik ülevaade taevakodanike toredast elukeskkonnast keset Jumala au ja taevariigi eri tasemete ilus kirjeldus.

Risti Sõnum

Võimas äratussõnum kõigile, kes on vaimses unes! Sellest raamatust leiate te põhjuse, miks Jeesus on ainus Päästja ja tõeline Jumala armastus.

Põrgu

Tõsine sõnum kogu inimkonnale Jumalalt, kes soovib, et ükski hing ei sattuks põrgu sügavustesse! Te leiate mitte kunagi varem ilmutatud ülevaate surmavalla ja põrgu julmast tegelikkusest.

Vaim, Hing ja Ihu I & II

Teatmik, kust saab vaimse arusaama vaimu, hinge ja ihu kohta ja mis aitab meil avastada oma „mina", milleks meid tehti, et me saaksime pimeduse võitmiseks väe ja muutuksime vaimseks inimeseks.

Usu Mõõt

Missugune elukoht, aukroon ja tasu on sulle Taevas valmistatud? Sellest raamatust saab tarkust ja juhatust usu mõõtmiseks ja parima ning kõige küpsema usu arendamiseks.

Ärka, Iisrael

Miks on Jumal pidanud Iisraeli maailma algusest kuni tänapäevani silmas? Missugune Jumala ettehoole on lõpuajaks valmistatud Iisraelile, kes ootab Messiase tulekut?

Minu Elu ja Mu Usk I & II

Kõige hõrgum vaimne lõhn, mis tuleb Jumala armastusega õilmitsevast elust keset süngeid laineid, külma iket ja sügavaimat meeleheidet.

Jumala Vägi

Kohustuslik kirjandus, mis on vajalik juhis tõelise usu omamiseks ja Jumala imelise väe kogemiseks.

www.urimbooks.com